ANGELA KLING | ECKHARD SPETHMANN

Pubertät

Der Ratgeber für Eltern

Mit 10 goldenen Regeln durch alle Phasen

humboldt

Wir danken
Rudy, Lia, Paul, Felix, Rosa, Helena, Santana
und allen anderen,
die uns immer wieder Anstöße geben,
uns zu verändern und zu entwickeln.

INHALT

VORWORT

Wozu und für wen haben wir dieses Buch geschrieben?

Angela

In den Träumen meiner Jugendzeit, von der ich damals nicht einmal wusste, dass man sie Pubertät nennt, stellten sich die wichtigsten Weichen in meinem Leben. Vieles nahm damals seinen Anfang. Meine Jugend war die Zeit der größten Verzweiflung und der intensivsten Freuden! Und alle um mich herum waren in meine Höhen und Tiefen einbezogen, ob sie wollten oder nicht. Ich habe meine Pubertät und die meiner Geschwister erlebt, die meines Sohnes und der Tochter meines Mannes sowie die von deren Freunden und Freundinnen. Im Rahmen meiner Arbeit habe ich über die Jahre beobachtet, wie unzählige Kinder – verspielte, verträumte, witzige, manchmal auch wütende und verletzte junge Menschen – sich wie im Zeitraffer in liebesfähige und verantwortungsbewusste Erwachsene verwandelten und jetzt selbst Kinder großziehen.

Ich bin froh, dass ich damals so viel ausprobieren konnte und es geschafft habe, eine erfolgreiche und zufriedene Frau zu werden. Die abenteuerlustige, aber auch unsichere und verzweifelte junge Frau, die ich einmal war, kann ich jetzt in einem neuen Licht sehen: Sie hat sich selbst gesucht. Jetzt erkenne ich, welchen Halt mir meine Familie, meine Lehrer und meine Freundinnen gegeben haben. Ich bin ihnen sehr dankbar, dass sie mich damals ausgehalten und einfach mit mir weitergelebt haben. Einige besondere Menschen haben mir mit ihrer Aufmerksamkeit und Liebe dabei geholfen, mich meinen Lebensaufgaben zu stellen. Ihnen allen gilt mein Dank! Und ja, dieses Wissen möchte ich weitergeben.

Eckhard

Ich bin der Zweitgeborene: Plötzlich hatte mein Bruder lange Haare, ließ nicht mehr mit sich reden, die Eltern sagten: „Das ist das Flegelalter." Ich stand ratlos und irritiert davor – bis es auch mich einholte: Alles Mögliche musste ausprobiert werden, ohne dass die Eltern davon wussten, wir setzten uns mit den großen Lebensfragen, mit Tod und Sterben auseinander. Wir machten Unsinn, dummes Zeug und provozierten die Erwachsenen. Die ersten Erfahrungen mit der Liebe quälten uns ...

Und dann, viel später, hatte ich das Glück, als Vater von zwei Söhnen die Perspektive wechseln und die beiden mit viel Angst, aber auch Hoffnung und Zuversicht durch diese so wichtige Zeit begleiten zu können. Heute ist es gelungen und ich lerne immer noch. Und immer ist es ähnlich, und immer wieder ganz anders und nicht vorhersagbar, was passiert – die Pubertät ist eine der spannendsten Zeiten im Leben!

Was wir mit diesem Ratgeber erreichen möchten

- Müttern, Vätern, besonders auch Patchworkfamilien und Alleinerziehenden Mut machen.
- Sie bei dem unterstützen, was Sie sowieso schon alles intuitiv richtig machen!
- Sie neugierig machen auf die Pubertät Ihrer Kinder – was passiert denn da eigentlich?
- Sie anregen, in Ihrem eigenen Leben zu forschen: Wie war das damals bei mir? Wer bin ich eigentlich geworden? Was verändert sich jetzt in mir, wenn mein Kind erwachsen wird?
- Ihnen interessante Informationen und Sätze liefern, die Ihnen weiterhelfen im Alltag mit Ihrem Teenie.
- Dass Sie immer mehr Talente bei Ihrem Sohn oder Ihrer Tochter entdecken.
- Dass Sie junge Menschen, neue Orte und Produkte und neue Musik kennenlernen.
- Dass Sie sich immer wieder entspannen und die Komik vieler Situationen und Dialoge genießen können.
- Dass Sie die Intensität Ihrer Gefühle bewusst erleben können und weniger Angst haben.

- Dass Sie trotz allen Ärgers immer wieder Ihre tiefe Zuneigung fühlen können.
- Dass Sie immer öfter zuhören als selber reden.
- Dass Sie lernen, sich bei bestimmten Themen zurückzuhalten – aber sich einmischen, wenn es existenziell wird.
- Dass Sie in Auseinandersetzungen andere Wege finden, als Vorwürfe zu machen.
- Dass Sie Ihre Meinung klar und deutlich ausdrücken.
- Dass Sie dem Jugendlichen helfen, Erfolge zu haben.
- Dass Sie Ihren Jugendlichen seinen Weg gehen lassen.
- Dass Sie Hilfe finden, wenn Sie zu unruhig und besorgt sind.
- Dass Sie die Schönheit, Willenskraft und Intelligenz Ihrer Heranwachsenden immer wieder wahrnehmen und sich darüber freuen können!

EINLEITUNG

„Niemals wird seitens der Gesellschaft zum Ausdruck gebracht,
wie sehr sie den großmütigen Einsatz
und die Kreativität der Jugendlichen braucht."

Françoise Dolto

Bliebe Ihr Kind für immer im Schoße der Familie, dann bekäme es niemals die Chance, seinen ureigensten Lebensweg zu gestalten und seinen Platz in der menschlichen Gemeinschaft zu finden. Gesellschaften, die auf der ausschließlichen Einhaltung ihrer Traditionen beharren (auch mit Gewalt) und ihre Jugend davon abhalten zu experimentieren, gehen früher oder später zugrunde. Gesellschaftliche Erneuerung kann nur durch die Kreativität und den Mut unserer Jugendlichen gegen viele Widerstände in Gang gesetzt werden.

Es ist schlicht unmöglich, immer wie ein Kind versorgt zu werden und Papa und Mama zu gehorchen, ohne Schaden zu nehmen. Alle, und besonders natürlich das heranwachsende Kind, müssen das akzeptieren. Wie reagieren die noch sehr jungen Menschen auf diese unaufhaltsame Kraft, die von innen nach außen drängt und ihre Gefühle so heftig durcheinanderwirbelt? Vielleicht zieht sich das heranwachsende Kind in sich selbst zurück und verschließt sich in seiner eigenen Welt, um sich so in seiner Verletzlichkeit dem starken familiären Einfluss zu entziehen, oder es geht weg zu seinen gleichaltrigen Freunden – in dem intuitiven Wissen, dass es viel besser ist wegzugehen, als sich abzukapseln. Es gibt bei Jugendlichen alle möglichen Versuche, diesen verwirrenden Gefühlen zu entfliehen – manchmal sind es auch Sackgassen. Darüber schreiben wir in diesem Buch auch.

Schamgefühle, Größenwahn, Aggressions- und Ohnmachtsattacken begleiten die erwachende Sexualität und führen nicht selten zu einem scheinbar chaotischen Verhalten der Jugendlichen. Da ist es hilfreich, wenn Sie in dieser Zeit einerseits Einfühlsamkeit und Mitgefühl entwickeln können sowohl für diesen geliebten jungen Menschen, dessen Körper und Geist sich zusehends verändern, als auch für sich selbst, die Sie diese Veränderungen manchmal zähneknirschend, nervlich am Ende und dann wieder voller Freude und Hoffnung begleiten. Sie sind aber andererseits auch nach wie vor die wichtigste Erziehungsperson des Jugendlichen und können mit Ihrer Lebenserfahrung und Ihrem Wissen um die Anforderungen des Alltags in einer modernen Gesellschaft den notwendigen Halt geben.

> Sie sind gefragt als Vertreter einer gesellschaftlichen Ordnung, gegen die der Teenager anrennt.

Sie setzen Grenzen und handeln Regeln aus, immer wieder aufs Neue ... Sie sind jetzt gefragt als Vertreter einer gesellschaftlichen Ordnung, gegen die der Teenager anrennt, in der er aber seinen Platz finden möchte und wird.

Möchten Sie die Rolle eines Sparringspartners übernehmen? Dann machen Sie sich Ihre eigenen Werte bewusst und leben Sie sie vor. Seien Sie der Erwachsene, der Sie sind, denn auch Ihre Ehrlichkeit wird jetzt genauer unter die Lupe genommen. Auch Sie als Eltern wachsen jetzt mit: Sie argumentieren, Sie erklären sich, Sie vertreten Ihre Werte und Sie sorgen dafür, dass Ihr Zuhause für die Familie ein guter Ort zum Leben ist. Sie vollbringen den Spagat, sich in den Jugendlichen einzufühlen, ihm zuzuhören, mit ihm herumzualbern und verrückten Plänen zu lauschen, nur um dann wieder konsequent auf Vereinbarungen zu bestehen.

Ja, auch Ihr Leben verändert sich jetzt: Sie haben auf einmal mehr Zeit, sind wieder öfter alleine oder zu zweit, müssen nicht mehr für alles sorgen. Fühlen Sie diese Veränderung. Seien Sie ruhig auch traurig darüber, wenn Sie spüren, dass die Kindheit Ihres Kindes zu Ende geht und damit auch viele wunderbare Momente und Erlebnisse. Sie ist bald endgültig vorbei, und als rundum sor-

> Die Kindheit Ihres Kindes ist bald vorbei. Als rundum sorgende Eltern werden Sie nicht mehr gebraucht.

gende Eltern werden Sie nicht mehr gebraucht. Wo vorher eine Fülle von kindbezogenen Gedanken und Aktivitäten den Tagesablauf beherrschte, entstehen plötzlich von heute auf morgen freie Zeiträume. Vielleicht sogar ein merkwürdiges Vakuum. Eine Weile werden Sie noch überlegen: Mische ich mich ein oder lasse ich es laufen? Doch immer mehr werden Sie die Lebensbereiche Ihres Jugendlichen ihm selbst überlassen. Sie erinnern sich wieder an eigene Wünsche, die Sie zurückgestellt hatten, an Träume und Pläne, die Sie vor der Geburt Ihres Kindes beschäftigten oder die im Laufe der Erziehungszeit aufgekommen sind. Irgendwann, geplant oder manchmal ganz unvorhergesehen, ist Ihr Jugendlicher dann ausgezogen oder begibt sich auf große Fahrt und kommt als junger Erwachsener zurück. Darauf können Sie sich mit Ihrem Jugendlichen zusammen vorbereiten: Feiern Sie ein Fest zum Abschied der Kindheit und zur Begrüßung des Neubeginns!

Erobern Sie sich in der Pubertätszeit Ihrer Kinder trotz aller Anforderungen bewusst neue Spielräume für sich und Ihre Partnerschaft, Ihre Arbeit und Ihren Freundeskreis. Stellen Sie sich neue Aufgaben. Nutzen Sie die Veränderungsenergie, die jetzt Ihr Zusammenleben mit einem Jugendlichen beherrscht, für sich: Begeben Sie sich in das Neuland Ihrer Möglichkeiten. Ein neuer Lebensabschnitt beginnt: Sie werden älter werdende Eltern von erwachsenen Kindern sein. Es ist beängstigend, spannend, manchmal befremdlich, aber auf jeden Fall auch entlastend für Ihren Jugendlichen, wenn er miterlebt, wie Sie sich als Mutter oder Vater wieder nach außen öffnen und sie oder er nicht mehr im Mittelpunkt Ihrer elterlichen Fürsorge steht.

Sprechen Sie, wenn Sie über die Veränderungen Ihres Kindes beunruhigt sind, auf jeden Fall mit jemandem, dem Sie vertrauen und der es nicht weitererzählt. Sprechen Sie auch über die Schwierigkeiten Ihrer eigenen Jugendzeit. Die großen Sorgen, die Sie sich jetzt um Ihr Kind machen, haben ihren Ursprung oft in gefährlichen Situationen, die Sie in Ihrer eigenen Pubertät erlebt und zwar gut bewältigt, dann aber komplett vergessen haben. „Wenn ich mir vorstelle, meine Tochter würde sich in die Situationen begeben, die ich erlebt habe, dann möchte ich sie mit allen Mitteln davor bewahren ..." Ihre Unruhe verstärkt die heimliche und bedrängende Sorge des Jugendlichen, er könnte es nicht schaffen – und dummerweise führen Sie damit manchmal genau das herbei, was Sie vermeiden wollten.

Vertrauen Sie in die Lebenskraft, die Ihr Kind mitbringt, um diese Zeit gut zu durchleben – Sie haben es ja schließlich auch geschafft, erwachsen zu werden!

„FIEBER DER ZUKUNFT“ – WAS GENAU IST PUBERTÄT?

„Jugend ist eine beständige Trunkenheit:
Sie ist das Fieber der Vernunft.“ *La Rochefoucauld*

„Wenn du echt was darüber hören willst, wirst du wahrscheinlich als erstes wissen wollen, wo ich geboren bin und wie meine ganze beschissene Kindheit abgelaufen ist.“ Mit diesen berühmten Worten lässt J. D. Salinger seine 16-jährige Hauptfigur Holden Caulfield den Roman „Der Fänger im Roggen“ beginnen. Ja, das ist sie, die Pubertät: Einsamkeit, Verzweiflung, Verirrungen, Verwirrungen und Revolte zeichnen sie aus. Oft wird diese Zeit zu einer Achterbahn der Gefühle für alle Beteiligten.

Wissenschaftler bezeichnen Pubertät als die zur Geschlechtsreife führende Entwicklungsphase. Die Zeitspanne bis zur ersten Menstruation bzw. dem ersten Samenerguss wird oft als Vorpubertät bezeichnet. Mit dem ähnlichen Begriff Adoleszenz wird häufig allgemein die Zeit zwischen Kind und Erwachsenem definiert; manche sprechen auch von Spätpubertät. Es gibt also verschiedene Begrifflichkeiten – in jedem Fall aber geht es um eine Zeit der Veränderung und der Entwicklung: um die Bewältigung des körperlichen, sexuellen und geistigen Reifungsprozesses, der den Heranwachsenden ebenso wie die ihn begleitenden Erwachsenen betrifft.

Biologisch

Im rein biologischen Sinne geht es in der Pubertät um die zur Zeugung bestimmten Geschlechtsorgane, die sich in der Pubertät auszubilden beginnen und am Ende voll funktionsfähig sind. Dieser Reifungsprozess wird in erster Linie genetisch-hormonell gesteuert. Bei Mädchen verläuft dieser Prozess anders als bei Jungen (siehe Tabelle).

Bei allen folgenden Altersangaben handelt es sich um statistische Mittelwerte – Abweichungen nach unten oder oben sind dennoch relativ häufig!

Der Reifungsprozess

Mädchen	Jungen
Beginn der Entwicklung im Durchschnitt zwischen 8 und 10 Jahren	Beginn der Entwicklung im Durchschnitt zwischen 9,5 und 12 Jahren

Mädchen	Jungen
Hypophyse und Hypothalamus starten durch Hormonausschüttungen den Reifungsprozess.	
Höhepunkt des Wachstumsschubs mit 12 Jahren	Höhepunkt des Wachstumsschubs mit 14 Jahren
Wachstum der inneren und äußeren Geschlechtsorgane: Vagina und Gebärmutter vergrößern sich, äußere Schamlippen werden dunkler, Schamhaare wachsen.	Hoden und Hodensack vergrößern sich und werden dunkler, Penis wird länger und dicker, Schamhaare bilden sich.
Brüste vergrößern sich, zum Teil unterschiedlich schnell, Brustwarzen bilden sich.	Prostata und Bläschendrüse reifen, Samen und Spermaflüssigkeit bilden sich, Stimmbruch entsteht durch Wachstum des Kehlkopfs und verlängerte Stimmbänder.
Erste Menstruation zwischen 11 und 15 Jahren	Erster Samenerguss (oft im Schlaf) zwischen 11 und 16 Jahren
Bildung von Fettgewebe durch hormonellen Einfluss (als Reserve für eine mögliche Schwangerschaft) – Entstehung der typisch weiblichen Gestalt	Muskelmasse, Knochen- und Körpergewicht nehmen zu – Entstehung der typisch männlichen Gestalt
Behaarung der Achselhöhlen	Bartwuchs, Körperbehaarung, stärkerer Körpergeruch
Abschluss der körperlichen Entwicklung mit etwa 17 Jahren	Abschluss der körperlichen Entwicklung mit etwa 19 Jahren

Anthropologisch

In den 1920er-Jahren untersuchte die amerikanische Anthropologin Margaret Mead, ob Konflikte in der Pubertät nur durch biologische Veränderungen zu erklären sind oder auch von kulturellen Normen abhängen. Kurz gesagt ergaben die Ergebnisse ihrer Forschungen, zum Beispiel über heranwachsende Frauen in Samoa (1925) und in Neuguinea (1931), dass die Konflikte in unterschiedlichen Kulturen durchaus verschiedene Qualitäten und Inhalte haben, aber dass die Pubertät überall eine Zeit intensiver Veränderungsprozesse darstellt. Mead entwickelte aus ihren Untersuchungen den Standpunkt, dass die Geschlechterrollen kulturell bestimmt und nicht genetisch angeboren sind.

Soziales Lernen findet in Auseinandersetzungen statt – dabei geht es einerseits immer um die Frage der Anpassung und Übernahme der vorhandenen sozialen Normen und andererseits um die kritische Infragestellung und Modernisierung dieser Normen. Damit wären wir bei einem wichtigen Nutzen der Pubertät für die Gesellschaft: Notwendige gesellschaftliche Veränderungen sind immer wieder durch jugendliche Revolten ausgelöst worden,

> Gesellschaftliche Veränderungen sind immer wieder durch jugendliche Revolten ausgelöst worden.

deren Hintergrund nichts anderes als die Zeit der Pubertät ist. In dieser Phase werden sehr grundsätzliche Fragen gestellt und die kreativen jungen Menschen gestalten neue Lebens- und Gesellschaftsentwürfe.

Was aber, wenn ihnen dieser Gestaltungsraum sozial, politisch, wirtschaftlich nicht zugestanden wird? Wenn die Geschlechtsreife der jungen Menschen nicht mehr mit einem Generationswechsel zusammenfällt? In unserer Gesellschaft steigt die Lebenserwartung kontinuierlich, die älteren Erwachsenen wollen noch lange arbeiten, aktiv sein, politisch Einfluss nehmen. Sie sind nicht bereit, ihren Platz für Jüngere zu räumen und ihnen Verantwortung, Experimente und Erfahrungen zu ermöglichen. Ihnen wird die Kompetenz abgesprochen, einflussreiche Positionen zu bekleiden, und dementsprechend können sie ihre Potenziale nicht entfalten. Als „Generation Praktikum" befinden sie sich häufig über viele Jahre hinweg in der Warteschleife. Dieser Generationskonflikt, der einer großen Anzahl von gut ausgebildeten, motivierten Menschen keine Einsatzfelder und somit auch keine Familienbildung ermöglicht, wird noch durch die demografische Entwicklung verstärkt: Die jüngere, zahlenmäßig abnehmende Generation muss für diejenigen große Versorgungsleistungen erbringen, die ihnen den Zugang zu wichtigen gesellschaftlichen Positionen verwehrt. Wir brauchen unsere jungen Leute nicht nur als Fachkräfte und Manager, sondern wir benötigen ihre ganze jugendliche kreative Spannbreite in allen Bereichen unserer Gesellschaft.

Neurologisch

Noch bis Mitte der 1990er-Jahre gingen Fachleute davon aus, dass die wesentlichen Entwicklungsprozesse des Gehirns bis zum dritten Lebensjahr abgeschlossen sind und alle übrigen im Wesentlichen bis zum zwölften Lebensjahr. Seitdem jedoch mit dem Kernspintomografen regelmäßig und gefahrlos ins Gehirn geblickt werden kann, haben sich völlig neue Erkenntnisse ergeben. Die graue Substanz der Großhirnrinde, die für die höheren kognitiven Denkaufgaben zuständig ist, erlebt vor der Pubertät einen Wachstumsschub, ähnlich wie es bereits im Kleinkindalter geschehen ist. Es gibt eine riesige Zahl neuer Verschaltungen, von denen diejenigen erhalten bleiben, die häufig benutzt werden, die übrigen verkümmern wieder. Mit anderen Worten: In der Pubertät erhält das Gehirn ein umfassendes „Update" für die Verarbeitung von Informationen und Emotionen. Der Umbau der Bereiche für Wahrnehmung und Bewegungssteuerung ist relativ bald wieder abgeschlossen, die Neuorganisation der Areale für die Orientierung im Raum, in der Zeit und für die Sprache dauern deutlich länger. Damit wird klar, dass die Pubertät eine Riesenchance ist: Der Jugendliche kann sich selbst völlig neu erfinden! Das schüchterne Kind kann zum beliebten Entertainer werden, das Raubein wandelt sich zum sensiblen Zuhörer ...

Ein Trost vorweg: Jeder Erwachsene hat diese Zeit durchlebt. Bei knapp 20 Prozent verläuft die Entwicklung undramatisch und ohne größere Probleme. Die große Mehrheit der Heranwachsenden übersteht die Pubertät nicht nur ohne größere Schäden, sondern entwickelt sich zu modernen und verantwortungsbewussten jungen Erwachsenen. Die neuere Forschung blickt in die konstruktiv-lösungsorientierte Richtung: Was tragen die Beteiligten dazu bei, dass es nicht nur zu Schwierigkeiten kommt, sondern dass diese Zeit auch eine entspannte und konstruktive Entwicklung mit sich bringt?

Krisenhaft und chancenreich

Auf der individuellen Entwicklungsebene gibt es mindestens drei sehr ähnliche Phasen: die Zeit der ersten zwei Lebensjahre, die Zeit der Pubertät und die Zeit der Wechseljahre. Ausgelöst durch hormonelle Veränderungen entstehen umfassende körperliche, geistige und soziale Entwicklungsprozesse – die immer auch krisenhafte Züge tragen. Weit verbreitet ist die Einstellung, Krisen seien lästig, überflüssig und möglichst zu vermeiden. In der Krise ist es aber hilfreicher, sie auch als Chance zu begreifen, um sich weiterzuentwickeln, neue Verhaltens- und Erlebensweisen kennenzulernen und den Horizont zu erweitern.

Sie kennen das von Ihrem Kind: Die Entwicklung verläuft nicht linear oder gleichmäßig, sondern in Schüben. Wenn das Kind plötzlich zwei oder drei Tage matt ist, etwas Fieber hat, ganz anhänglich wird oder auch unausstehlich ist, also eine Entwicklungskrise durchmacht, so ist es dann auf einmal über Nacht wieder fit und scheint ein anderes Kind geworden zu sein – es ist wieder ein Stück „erwachsener“ geworden. Krisen zeigen uns in der Regel an, dass ein Entwicklungssprung bevorsteht.

Wahrscheinlich kennen Sie dieses Prinzip auch von sich selbst: Sie haben das Gefühl, in Beruf oder Partnerschaft stimmt etwas nicht – vielleicht langweilen Sie sich, sind unzufrieden und die Konflikte nehmen zu ... Sie befinden sich in einer Krise. An irgendeinem Punkt reicht es Ihnen – oft dann, wenn der gefühlte Leidensdruck hoch genug ist: Die Krise eskaliert durch einen Riesenkrach, eine Kündigung oder Trennung, was im Nachhinein oft als befreiend erlebt wird und den Weg zur Weiterentwicklung frei macht. Auch in diesem Fall hängen

Krise und Entwicklung sind die zwei Seiten ein und derselben Medaille.

Krise und Entwicklung direkt miteinander zusammen, sie sind sozusagen zwei Seiten einer Medaille. Und es gibt immer typische Phasen – wir kommen später darauf zurück.

WENN'S GUT GELAUFEN IST

- haben die Pubertierenden ihre Individualität weiterentwickelt.
- haben sie einen geeigneten Platz in der Erwachsenengesellschaft gefunden.
- haben sie gesellschaftliche Werte und Normen integriert und weiterentwickelt.
- haben Vater und Mutter oder eine andere Erziehungsperson die neue Rolle als vertrauenswürdiger Partner des erwachsenen Kindes aufgebaut und angenommen.
- haben die Eltern ihre eigene Lebenssituation entsprechend den neuen Erfordernissen und Möglichkeiten neu organisiert.

„SEX AND DRUGS AND ROCK 'N' ROLL" – DIE UMWANDLUNGS-PHASEN

„Sein Kind während der Pubertät zu lieben, bedeutet regelmäßig einen Kaktus zu umarmen."

(Sinnspruch des Monats in einer Hamburger Schule)

Die Prozesse der Pubertät werden zu einem bestimmten Zeitpunkt durch genetisch festgelegte Auslöser im Gehirn in Gang gesetzt, in jedem Kind mit unterschiedlicher Ausprägung und Intensität. Und so wie der Körper nacheinander oder manchmal auch gleichzeitig sichtbare neue Formen hervorbringt, so folgen die daran gekoppelten Reaktionen im emotionalen und geistigen Bereich. Die körperliche Möglichkeit, ein Kind zu zeugen oder zu gebären, reicht in unserer hoch spezialisierten Industriegesellschaft noch lange nicht aus, um ein Kind erfolgreich großzuziehen. Die geistige, emotionale und soziale Reifung schließt sich an und dauert viel länger als die körperliche Entwicklung.

In komplexen Systemen (Institutionen, Firmen, Staaten, Familien) durchlaufen alle daran beteiligten Personen bei tief greifenden Veränderungen typische Phasen. In Familien mit pubertierenden Kindern sind das in erster Linie natürlich die heranwachsenden Kinder selbst, aber auch deren Eltern und Erziehungspersonen, die ihren eigenen Wandlungsprozess durchmachen. Gerade wenn wir in engen Lebensgemeinschaften leben, bleibt niemand von diesem stürmischen Wachstumsprozess unberührt, da ja jeder mit dieser Zeit eigene Erfahrungen und Emotionen verbindet und sich auf seine neue Rolle vorbereitet. Wachstumsprozesse sind Veränderungsprozesse und lassen sich als solche beschreiben.

Die Psychiaterin und Sterbeforscherin Elisabeth Kübler-Ross hat 1969 fünf emotionale Phasen beschrieben, die Menschen angesichts des nahenden Todes durchlaufen – ebenso wie ihre nahen Angehörigen, die damit aus einer anderen Perspektive heraus fertigwerden müssen:

1. Nicht-wahrhaben-Wollen
2. Zorn
3. Verhandeln
4. Depression
5. Akzeptanz

Die Schweizer Psychologin Verena Kast unterscheidet 1989 vier ähnliche Phasen, die für Krisen typisch sind:

1. Nicht-wahrhaben-Wollen/Schock, Leugnung
2. Aufbrechende, chaotische Emotionen/Zweifel
3. Suchen, Finden und Sichtrennen/Akzeptieren
4. Neuer Selbst- und Weltbezug/Neuorientierung

In den letzten Jahrzehnten hat man diese Phasen auf Veränderungsprozesse übertragen, die sich in Familien abspielen oder auch in Unternehmen – und sogar in Staaten bei großen politischen Veränderungen.

Wir möchten diese Gefühlsphasen vorstellen, die sich bei Eltern während der Pubertät ihrer Kinder abspielen. Dabei unterscheiden wir – angelehnt an die beiden obigen Modelle – sieben Phasen, die in der Regel deutlich erkennbar sind. Wir beschreiben detailliert, woran man die einzelnen Phasen erkennt. Wir beleuchten Fragen, die sich für die Erwachsenen dabei ergeben, ebenso wie Fragen, die sich die Jugendlichen in dieser Zeit stellen. Wir machen auch Vorschläge, wie Sie in welcher Phase gut reagieren können, um Eskalationen zu vermeiden und sich gelassener und bewusster um die eigene Entwicklung zu kümmern. Denn im Lauf der Pubertät Ihres Kindes gewinnen Sie wieder zunehmend Zeit für sich selbst und Ihre eigenen Ziele und Wünsche – eine große Chance, die Sie unbedingt nutzen sollten!

Wie lange diese Phasen jeweils dauern, kann sehr unterschiedlich sein. Manchmal hat man den Eindruck, eine Phase hört nie auf, dann wiederum scheint eine andere Phase kaum stattgefunden zu haben. In jedem Fall gilt: Nehmen Sie sich Zeit, in Ruhe darüber nachzudenken, was gerade geschieht und was der mögliche Gewinn daraus sein kann.

Die sieben Phasen

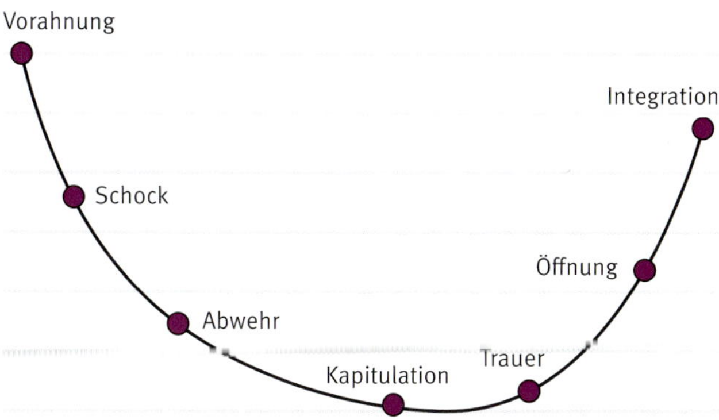

Wie wir auf Veränderung reagieren

Haben Sie dieses Buch gekauft, noch bevor sich bei Ihrem Kind die ersten Anzeichen einer Veränderung zeigen? Dann liegen noch alle sieben Phasen – von der noch etwas vagen Vorahnung bis zur geglückten Integration – vor Ihnen. Doch auch wenn Sie später „einsteigen", in der schwierigen Phase der Abwehr etwa, kann es nicht schaden, wenn Sie sich auch die Phasen bewusst machen, die Sie bereits durchlebt und hinter sich gelassen haben.

In der folgenden Tabelle veranschaulichen wir unsere Reaktionen im Zusammenleben mit einem pubertierenden Jugendlichen durch einige typische Sätze, die so oder ähnlich in der jeweiligen Phase gesagt werden. Überlegen Sie doch einmal, welches Ihre typischen Sätze sind!

Phase	Typische Sätze
1. Vorahnung	Vater: „Ich müsste jetzt schon mit meinem Sohn über das Rauchen reden." Mutter: „Ich sollte jetzt mit meiner Tochter über ihre sexuelle Entwicklung sprechen."
2. Schock	„Mich hat der Schlag getroffen, als ich ihn mit seiner neuen Frisur sah!" „Ich erstarrte, als meine Tochter mich plötzlich anschnauzte!"

3. Abwehr und Widerstand	„Sonst hast du immer sonntags mit uns gefrühstückt – ich will, dass das so bleibt." „Früher hast du auch nicht zweimal am Tag geduscht – wer soll das bezahlen?" „Seitdem du mit dieser Janine zusammen bist, haben wir überhaupt kein Familienleben mehr!"
4. Kapitulation	„Sie fährt jetzt allein nach Amsterdam – nun kann ich auch nicht mehr verhindern, dass sie Haschisch raucht." „Wenn du nichts mehr für die Schule machst, bleibst du eben sitzen – ich kann dir nicht mehr helfen."
5. Abschied und Trauer	„Sie kommt nicht mal mehr zu Omas Geburtstag mit – das macht mich richtig traurig." „Ich bin so gern mit ihm schwimmen gegangen – jetzt ist er nur noch mit seiner Clique unterwegs."
6. Öffnung	„Lass uns doch mal gemeinsam überlegen, wie wir das mit dem Weggehen regeln können." „Weißt du, ich würde gern mal mit dir in Ruhe darüber sprechen, wie es mit dem Taschengeld weitergehen soll."
7. Integration	„Wie wär's, wenn wir uns an jedem ersten Sonntag im Monat zum Essen treffen?" „Ich finde es toll, wie du dich um die Einkäufe kümmerst, seitdem ich wieder ganztags arbeite!"

Haben Sie etwas wiedererkannt? Ist Ihnen ein eigener typischer Satz eingefallen? Natürlich sind diese Phasen nicht immer ganz genau voneinander zu trennen – schauen wir einmal etwas genauer hin.

Phase 1: Die Vorahnung

Wenn unsere 9-jährige Tochter auf einmal ihren kindlichen Körper mit einem bauchfreien Top betonen will oder ihre Jeans mit der Schere traktiert, um den mageren, hohläugigen Models in der „Bravo" zu ähneln, dann beschleicht uns die Ahnung, dass jetzt bald etwas Unumkehrbares mit ihr passieren wird – und damit auch mit uns, als Vater, Mutter oder andere Person, die ihr nahesteht. Diese Gedanken über das passende Outfit werden stark durch die entsprechenden Medien gefördert, das ist klar, und natürlich wird unsere Tochter wieder ihre Pferdeposter aufhängen und mit ihren Freundinnen Weihnachtskekse backen. Aber wir fühlen es im Inneren: Es ist bereits im Gange, in ihr geschieht die noch unsichtbare Vorbereitung auf den nächsten großen Entwicklungsschritt. Es ist mehr ein Fühlen als eine Gewissheit, und neben der Überraschung halten dann auch die Sorgen Einzug in unsere fürsorglichen Überlegungen: Ist sie in der Schule schon genug aufgeklärt worden? Weiß sie, dass sie ihre Regel bekommen wird, und wie wird sie das verkraften? Worauf muss ich sie vorbereiten? Und wie? Nicht zu viel für ihr kindliches Gemüt

> Wir fühlen es im Innern: In unserem Kind geschieht die Vorbereitung auf den nächsten großen Entwicklungsschritt.

und nicht zu wenig für die werdende junge Frau? Wie wird mein Sohn sich verändern? Wird er seinen Sport weitermachen und weiter Gitarre spielen? Stimmt es, dass alle Jugendlichen in der Pubertät unausstehlich werden? Sie und er etwa auch? Wird sie so wütend werden, wie ich damals war? So schweigsam und verschlossen? Wird sie vielleicht auch mit 16 alleine verreisen oder gar ausziehen wollen?

Der Nährboden für die positive oder sorgenvolle Färbung der Gedanken, die wir uns um unser Kind machen, sind – ohne dass wir das gewöhnlich realisieren – unsere eigenen Pubertätserfahrungen, die wir lange vergessen glaubten und die nun mit aller Macht ein bedrückendes Comeback feiern.

Ist bei uns damals alles ganz gut abgelaufen, ohne größere Krisen oder heftige Erlebnisse, dann haben wir innerlich eine ganz gelassene Haltung, etwa so: „Das wird schon alles gut gehen, ihr geht es ja gut und wir haben ein schönes Verhältnis miteinander aufgebaut. Ich denke, das wird seinen normalen Gang gehen." Haben wir aber selber schwere Zeiten durchgemacht, seelische oder körperliche Schmerzen durchlitten, waren wir vielleicht in gefährliche Aktivitäten verwickelt und haben unangenehme sexuelle Erfahrungen gemacht, dann kommen besonders nachts und in Träumen diese Erinnerungen hoch und verbreiten eine düstere Stimmung, verstärken unsere Sorge um unser noch nicht einmal pubertierendes Kind. Und immer mächtiger wird der Wunsch, sie oder ihn vor dem zu bewahren, was uns damals so großen Schaden zugefügt hat, oder, schlimmer noch, vor den Gefahren, die wir noch überhaupt nicht kennen.

Wir benötigen den Kontakt zu unserer eigenen damaligen Erfahrungswelt, könnten zum Beispiel Freunden davon erzählen, um dadurch die aktuelle Realität unseres Kindes zu erkennen, seine Stärken und seinen Entwicklungsstand. Es geht immer wieder um das eigene Vertrauen in die Zukunft! Schauen wir vertrauensvoll auf die anstehende Entwicklung, können wir realistische Vorbereitungen treffen: über Liebe und Gefühle sprechen, sexuell aufklären und dafür sorgen, dass unser Kind Zugang zu kindgerechten Informationen bekommt. Wir sprechen über die spannenden Aktivitäten in der Jugendzeit, am besten, wenn unsere Kinder von alleine diese Themen ansprechen: Zigaretten, Alkohol, reisen, lieben, Kinder bekommen, arbeiten, Auto fahren ... und wir stellen klar, dass wir unser Kind durch seine ihm gemäße Pubertät begleiten wollen mit allen Möglichkeiten, die uns als Eltern zur Verfügung stehen. Wir bereiten uns darauf

> **Wir werden unser Kind mit allen uns zur Verfügung stehenden Möglichkeiten durch seine Pubertät begleiten. Und wir werden und wollen uns mit ihm zusammen verändern.**

aktiv vor, wir werden und wollen uns mit unserem Kind zusammen verändern.

Phase 2: Der Schock

So wie gestern Morgen, als die 12-jährige Tochter sagte: „Mama, ich kann mit dieser neuen Frisur unmöglich in die Schule gehen!“ Ungläubiges Erstaunen: „Das kann doch nicht dein Ernst sein. Sei doch vernünftig, du siehst doch gut aus!“ Heulen und Zähneklappern: „Mama, du verstehst das nicht!“

Es gibt eine Reihe von Anzeichen für den Beginn der Pubertät:

- Das Kind ist jetzt oft müde und lustlos.
- Es hat schnell wechselnde Launen.
- Immer wieder hat es Gefühlsausbrüche.
- Es schwankt zwischen Arroganz und Minderwertigkeitsgefühlen.
- Es hört laut Musik, und zwar bevorzugt die angesagten Titel.
- Mode, Marken und Styling werden wichtig.
- Ins Kinderzimmer halten Jugendposter Einzug, während Kuscheltiere und Teddys nach und nach rausfliegen.
- Familienunternehmungen sind out.
- Die Clique wird wichtiger.

Jetzt ist es tatsächlich so weit: Das Kind verpuppt sich, im Körper laufen alle Prozesse zur sexuellen Reifung an, äußere und innere Veränderungen finden ihren manchmal sehr unzusammenhängenden Ausdruck. Die Familienmitglieder, Lehrer, die Klassenkameraden, sogar Haustiere, alle geraten in den Strudel der Veränderung. Wer jetzt an alten Verhaltensweisen und Kindergewohnheiten festhält, sich gegen die neuen sperrt und tobt und schimpft, muss leiden.

Der Schock tritt ein, wenn zum ersten Mal wirklich klar ist, dass es kein Zurück mehr gibt und noch kein neuer Horizont an Umgangsformen, erwachsener Körperlichkeit oder Vernunft in Sicht ist. Jetzt wird nur deutlich: Es ist vorbei mit der Kindheit. Es wird nie wieder ... so schön? ... so einfach? ... so harmonisch?, wie es war. Die Fantasie malt sie schön, die vergangene Zeit mit dem Kind. Man wusste, wer das Sagen hatte, hatte sich gut miteinander arrangiert, der Alltag wurde ganz gut miteinander bewältigt. Damit ist jetzt Schluss. Und das Schlimmste: Man hat keinen Schimmer, was daraus werden wird. Man weiß ja nicht einmal, wie das Kind in ein, zwei, fünf Jahren aussehen wird! Es ist dann nicht mehr das Kind, das heranwächst und selbstständiger wird, sondern ein erwachsener junger Mensch, der weggehen und mich verlassen wird!

Kämpfen Sie nicht gegen den Strudel der Ereignisse, stellen Sie sich der neuen Gegenwart!

Der Schockzustand hält manchmal nur einen Moment an, manchmal zieht er sich über Monate hin. Je eher wir zulassen, dass wir in dem Strudel mit nach unten gezogen werden, desto schneller hören wir auf, gegen diese mächtigen Kräfte anzukämpfen. Überlassen wir uns dem Strudel der Ereignisse, stehen wir die Konflikte durch, vergießen wir Tränen der Wut und der Trauer, lachen wir und umarmen wir einander ... stellen wir uns all dem, was der Moment im Zusammenleben mit Pubertierenden eben so mit sich bringt. Den Schock in uns wahrzunehmen hilft uns dabei, uns selbst zu fühlen und uns der neuen Gegenwart zu stellen.

Phase 3: Abwehr und Widerstand

Wenn die Eltern ihren ersten Schock darüber verwunden haben, dass ihr Kind neue Verhaltensweisen an den Tag legt und seine Freunde wichtiger werden als sie, dann regt sich erst einmal innere Ablehnung: Warum spricht er so respektlos mit mir? Soll ich mir das etwa gefallen lassen? „Das ist keine Musik, das ist einfach nur Krach!" „Das kommt gar nicht infrage, dass ihr euch Pizza kauft, ich habe gerade gekocht!" Eltern möchten, dass die Erziehung, die Rituale, die Gewohnheiten, die sie ihrem Kind oft mühevoll unter Entbehrungen von Schlaf und eigener Freizeit über zehn, elf oder mehr intensive Jahre des Zusammenlebens mitgegeben haben, nicht oder nur minimal verändert werden. Das ist verständlich. Schließlich hat es lange gedauert, bis das Kind die wichtigsten Fähigkeiten erlernt hat, und jetzt könnte man eigentlich ein bisschen aufatmen. Stattdessen wird jetzt wieder alles anders! Vom Verstand her weiß man das natürlich und will auch, dass sich das Kind zu einem Erwachsenen entwickelt, aber die inneren Gefühle hängen auch an den vertrauten Ritualen und Aufgaben.

Der Anfang vom Ende der Elternrolle wird jetzt zum ersten Mal sichtbar: Die Kinder beginnen auf- und auszubrechen, auch wenn sie noch weit davon entfernt sind, ihr eigenes Leben in die Hand zu nehmen. Das macht unruhig und tief im Herzen auch Angst – und manche Nacht verbringt man mit bangen Fragen: Wie soll ich mich verhalten? Soll ich mich einmischen? Soll ich verbieten, erlauben, kontrollieren? Solange man noch nicht weiß, wie man mit der neuen Situation, die sich ja zunächst auch nur manchmal zeigt, umgehen soll, wird man die altbewährten eigenen Verhaltensweisen an den Tag legen: Das hat doch immer funktioniert, ich weiß schon, was zu tun ist. Dies ist natürlich auch eine Form der Abwehr dieser neuen Verhal-

Die Kinder beginnen auf- und auszubrechen. Das macht unruhig und tief im Herzen auch Angst.

tens- und Gefühlsunsicherheit, ähnlich wie heftige Wut, unverhältnismäßig großer Ärger über Kleinigkeiten oder auch Bestechungs- und Erpressungsversuche, die sich gerne als elterliche Fürsorge tarnen.

Nicht wahrhaben wollen

Manche Eltern merken gar nicht, dass ihr Kind sich verändert hat. Bekannte sagen vielleicht: „Du, die Marie ist ja schon ganz schön weit für ihr Alter, hat die schon einen Freund?“ oder: „Markus ist wohl auch schon in der Pubertät, der grüßt mich ja gar nicht mehr!“ Wir selbst als Mutter oder Vater, der seine Kinder manchmal nicht so oft sieht, nehmen eher noch das Kindgemäße wahr, die Unselbstständigkeit, das Kuschelbedürfnis, die Zeichentrickfilme. Man sieht immer, was man sehen will, und wenn wir noch nicht bereit sind, diese Veränderung zu akzeptieren, streiten wir sie ab. Wir wollen das Kind streicheln, wenn es traurig ist, und sind verwundert und verletzt, wenn es aufspringt und rausläuft. Oder, und das ist wohl die häufigste Form der Abwehr durch Nicht-wahrhaben-Wollen, wir verbieten oder ordnen an und wundern uns, wenn das nicht mehr funktioniert. „Natürlich fährst du mit uns in die Ferien, das hat dir doch immer so gut gefallen!“ „Du machst jeden Tag zwei Stunden Hausaufgaben!“ Es wird einfach so getan, als sei alles wie immer, als würde das weiter so funktionieren.

Auch die Kinder verhalten sich am Anfang so: Der wachsende Busen wird versteckt unter schlabberigen Pullis, die Jungs spielen weiter mit ihren Plastikbausteinen oder hören ihre Jugend-Krimiserie. Manchmal tun sie das auch nur nach außen und verbergen ihre Gedanken und Handlungen, die schon in eine ganz andere Richtung gehen. Wenn die Eltern sie aufklären wollen, merken sie vielleicht, dass sich die Kinder schon intensiv mit Sexualität befasst, im Internet Pornoseiten aufgerufen haben und gar keine Informationen mehr brauchen. Oder sie haben schon mit elf Jahren Bier und auch Schnaps getrunken, als die Eltern nicht im Traum daran gedacht haben, dass ihr Sohn oder ihre Tochter trinken und rauchen könnte. Eltern erleben da manchmal in Gesprächen mit Lehrern oder Nachbarn böse Überraschungen. In diesem Moment hilft es sehr, sich daran zu erinnern, wann man selbst mit all diesem heimlichen Ausprobieren angefangen hat, wer damals dabei war und wie die eigenen Eltern reagiert haben. Spätestens jetzt wird es auch Zeit, aufzuwachen, den Kopf aus dem Sand zu heben, den Blick nach vorne zu richten und sich zu fragen: Was muss ich jetzt anders machen als früher?

Es wird Zeit, den Kopf aus dem Sand zu heben und sich zu fragen, was man jetzt anders machen muss.

Machtkampf, Wut und Zorn

Manchmal fragt man sich selber beschämt nach einem lauten Streit: Was war das denn? Warum bin ich so ausgerastet? Was macht mich daran denn so unglaublich wütend, wenn meine Tochter meine Argumente einfach nicht einsehen will oder mein Sohn einfach keine Antwort gibt, wenn ich ihn anspreche? Der Ärger kommt überfallartig. Oft empfindet man ihn als Reaktion auf Worte oder „enttäuschende" Verhaltensweisen des Heranwachsenden. Man reagiert spontan heftig, verwendet die gleichen Schimpfwörter wie das Kind und schreit Sachen heraus, die man in ruhigem Zustand niemals gesagt hätte. Kurz, man unterscheidet sich in Sachen Heftigkeit in nichts von seinem jugendlichen Gegenüber.

Das gibt zu denken! Warum kann ich einfach nicht ruhig und gelassen bleiben, wenn mein Kind trotzig vom Tisch aufspringt, in sein Zimmer rennt, die Türe zuknallt und abschließt? Was veranlasst mich, genauso wütend aufzuspringen und an der Türklinke zu rütteln oder mich schmollend zurückzuziehen und den ganzen Tag kein Wort mehr mit ihm zu sprechen?

Die Ähnlichkeit der Verhaltensweisen ist der Schlüssel zum Verständnis: Auch wir fühlen die Ohnmacht angesichts des aufgeladenen Gefühlsausbruchs, der uns ebenso kalt erwischt, wie vielleicht auch das Kind davon in diesem

Moment überfallen wird. Wir fühlen heftige Abneigung gegen das unerwünschte und im Moment unerklärliche Verhalten – und wir reagieren genauso verletzt und trotzig wie das Kind. Wir fühlen uns genauso hilflos der Situation ausgeliefert, kämpfen noch dazu gegen Schamgefühle – schließlich sollten wir uns ja erwachsen verhalten – und gegen die Ohnmacht, daran etwas zu ändern. Wir sind mitten in einer Enttäuschung. Wir haben uns getäuscht, sowohl in unserem Sohn, in unserer Tochter als auch in uns selbst. Und in einer späteren Analyse der Situation merken wir vielleicht, in welchem Maße wir zu der Eskalation beigetragen haben, indem wir uns nicht wie vernünftige Erwachsene verhalten haben, sondern genauso emotional wie ein gekränkter Teenie.

> Wir reagieren genauso verletzt und trotzig wie das Kind – und so gar nicht erwachsen.

Wir waren bis jetzt Eltern eines Kindes, das in uns sein Vorbild sah und unsere Autorität akzeptierte – jedenfalls meistens. Und auf einmal gibt es Widerworte, Rebellion, es kämpft um unmögliche Sachen und man fragt sich gänzlich verwirrt, um was es eigentlich die ganze Zeit geht. Und nach vielen kleinen, aber sehr anstrengenden Machtkämpfen dieser Art (wer gewinnt?) ist es manchmal so erleichternd, den ganzen Frust und manchmal auch verborgenen Schmerz herauszuschreien wie ein kleines Kind – für beide! Leider muss man hinterher den Scherbenhaufen wegräumen und weiß auch eigentlich überhaupt nicht, wie man nun darüber sprechen soll, ohne dass die ganze Situation erneut eskaliert. Bei den Pubertierenden wie auch bei den Erwachsenen wird bei dem Geschrei das Ventil aufgedreht, um den Druck abzulassen. Das kann manchmal sehr entlastend wirken, hat aber auf die Dauer zur Folge, dass der Kontakt darunter leidet. Schließlich könnte man beim nächsten Mal noch schlimmer beschimpft werden oder das sogar selber tun, und das hat Folgen ...

In diesen Endlosschleifen des Machtkampfes kann nur der Erwachsene verlieren, obwohl es am Anfang nicht danach aussieht. Man muss verstehen, dass dieses Geschrei auf beiden Seiten nur eine Funktion hat: der Wahrheit nicht ins Gesicht zu blicken, dass es an der Zeit ist, sich wie ein Erwachsener bzw. Heranwachsender zu verhalten und Konflikte zivilisiert und erfolgreich zu lösen, so, dass Kontakt und Respekt auch für die Zukunft erhalten bleiben. Eltern können sich zu diesem Zeitpunkt noch gar nicht vorstellen, dass sie später diejenigen sein werden, die darauf angewiesen sind, dass ihr erwachsenes Kind den Kontakt hält, sie besucht oder mit ihnen redet. Das Kräfteverhältnis wird sich unausweichlich umdrehen und erst dann wird sichtbar

In den Endlosschleifen des Machtkampfes kann nur der Erwachsene verlieren.

werden, wie sich die Kämpfe der Pubertät auf die familiären Bindungen ausgewirkt haben.

Rückzug

Mit Rückzug meinen wir hier nicht, dass wir uns zurückziehen, in einem anderen Zimmer nachdenken und zur Ruhe kommen, sondern wir sprechen hier vom Abbruch der Kommunikation, der Kälteschicht, mit der man die gerade erlittene Verletzung überzieht. Vielleicht haben unsere Eltern damals so auf uns reagiert oder auf ihre eigene Ohnmacht, das haben wir allerdings meistens längst vergessen. Es ist ein Muster, mit dem wir je nach Charakter dem Schmerz zu entkommen suchen. Wenn wir allerdings mit dieser Gefriertruhenkälte dem Jugendlichen begegnen, wird der sich seinerseits sofort tiefer in sich zurückziehen, denn Kälte und vorwurfsvolles Schweigen kann man als fiebriger Jugendlicher am allerschlechtesten vertragen. Schließlich will er oder sie ja nur die Grenzen der Beziehung zur Mutter, zum Vater austesten, sie aber keinesfalls abbrechen! Man muss einfach wissen, dass die Jugendlichen, die uns als Kinder geliebt haben, uns in ihrem Leben immer weiter suchen werden, sich mit uns verbunden fühlen, nur eben auf ihre

> Wenn wir dem Jugendlichen mit Kälte und Schweigen begegnen, zieht er sich noch tiefer in sich zurück.

Art und Weise, auch durch Reibereien und Provokationen. Auch die Rebellion ist ein Liebesbeweis, selbst wenn es nicht danach aussieht: Ich kämpfe mit dir, weil ich weiß, dass du es vertragen kannst, dass ich erwachsen werde und von dir weggehe. Ich weiß, dass du mich trotzdem liebst und ich dich auch. Wir werden immer miteinander verbunden sein.

Erpressen, bestechen, mit dem Schicksal feilschen

Man meint eigentlich, dass es nichts gibt, worüber man mit dem Schicksal handeln könnte. Das Kind kommt in die Pubertät und geht dann aus dem Haus – und damit basta. Aber so leicht ist das nicht zu verkraften. Bestechung und Erpressung sind zwei verbreitete, natürlich nicht bewusste, auf jeden Fall hilflose Versuche der Eltern, mit dem Schicksal zu handeln, die Uhr doch noch ein wenig anzuhalten. Das klingt vielleicht so: „Wenn du weiterhin so schlechte Noten mit nach Hause bringst, ist Schluss mit den Partys!“ Sie sagen, das sei nur zum Besten Ihres Kindes, sonst tut es überhaupt nichts mehr für die Schule? Ist das wirklich effektiv? Lernt er mehr, wenn er seine Freunde nicht mehr sehen darf? Wie viel Wut staut sich bei dem Heranwachsenden an, der sie dann an anderer Stelle entlädt, wo Sie vielleicht empfindlich sind? Wie lange trägt er Ihnen das voller Groll nach? Das Muster „Du hast zu tun, was ich dir sage, weil ich weiß, wo es langgeht" wird brüchig. Oder der Klassiker: „Solange du deine Füße unter meinem Tisch hast, wird getan, was ich sage!" Der Jugendliche wird sich mit Auflehnung oder Entzug revanchieren. Er braucht andere, neue Formen der Auseinandersetzung, wo er gefordert ist in seiner Verantwortung und sich einbringen kann mit seinem Entwicklungsstand und seinen Ideen. Erpressung, auch auf der Gefühlsebene – „Sei nicht so rücksichtslos und egoistisch, ich habe schon genug damit zu tun, dich alleine großzuziehen!" –, bringt vielleicht am Anfang nach außen hin das gewünschte Resultat, aber nach innen zerfrisst sie die Eltern-Kind-Beziehung und wird später völlig unwirksam.

Schauen wir uns einen Bestechungsversuch an: „Nimm doch deine Freundin mit nach St. Peter-Ording, wir bezahlen ihr das Hotel!" Und dann hoffen wir, dass die beiden mit uns an den Strand oder abends mit uns essen gehen. Das tun sie aber nicht, sondern liegen die meiste Zeit im Bett, oder wenn sie notgedrungen mitkommen, sitzen sie schweigend im Restaurant am Tisch. Der Wunsch, das vertraute Zusammensein zu verlängern, ist fehlgeschlagen. Natürlich heißt das nicht, dass man diesen Vorschlag nicht machen soll, im Gegenteil. So ein Urlaub kann äußerst vergnüglich werden, wenn man als Eltern begreift, dass die Pubertierenden diese Zeit auf ihre Weise nutzen wollen, und sie in einem gemeinsam verabredeten Rahmen freilässt. In anderen Situationen nehmen die Jugendlichen das Geld, die Dienstleistung, das Geschenk entgegen, manchmal ohne sich überhaupt zu bedanken. Das können Sie nun wiederum überhaupt nicht verstehen. Das kleine Wörtchen „Danke“ kommt ihnen aber einfach nicht über die Lippen, besonders dann nicht, wenn wir es so dringend hören wollen.

Aber natürlich feilschen auch die Kinder mit dem Schicksal, und zwar um die Bequemlichkeit ihres Kinderdaseins, wo alles, aber auch wirklich alles, für sie getan wurde. Ihnen schwant natürlich, dass es jetzt darum geht, selber aktiv zu werden, sich dem rauen Klima der Erwachsenenwelt zu nähern –, und tief drinnen schämen sie sich dafür, dass sie sich immer noch wie ein Kleinkind verhalten. Sie bagatellisieren die Abhängigkeit, fühlen sich unwohl, denn immer nur nehmen erzeugt Abhängigkeitsgefühle, aber aktiv werden bedeutet Gefahr! Es geht ja noch nicht einmal ums Geldverdienen, so weit ist es ja noch gar nicht. Es geht schlicht und einfach zunächst darum, die Verantwortung für die eigenen Bedürfnisse zu übernehmen: Hygiene, Kleidung, Ernährung, Gefühle ... Und davon sind sie noch weit entfernt, denn das ist der Anfang der großen Unbequemlich-

> Die Jugendlichen sind noch weit davon entfernt, die Verantwortung für ihre eigenen Bedürfnisse zu übernehmen.

keit: erwachsen zu sein und von niemandem mehr rundum bedient zu werden.

Wenn Kinder schon früh daran gewöhnt sind, im Haushalt mitzuhelfen, wenn sie ihre eigenen Pflichten erfüllen müssen und auch Möglichkeiten haben, dabei mitzuwirken, dann ist natürlich alles leichter, dann lässt sich darauf aufbauen. Denn jetzt geht es ja nicht nur um das eigene Zimmer, sondern auch um Bad und Flur, die Wäsche usw. Die Gemeinschaft stellt Anforderungen! Und das möchten die Pubertierenden mit aller Vehemenz verhindern. Dann wird sich verweigert mit den dümmsten Argumenten – „Wo soll ich den Müll noch mal hinbringen?" – und gefordert – „Ich möchte aber unbedingt, dass du mir dieses neue PC-Spiel, die neue Jeans bezahlst!" Bezahlen Sie dann alles, werden Sie feststellen, dass die Jugendlichen weiternörgeln, nie wirklich zufrieden sind, den Wert nicht wahrnehmen und die Mühe, die aufgewendet wurde, nicht im Mindesten wertschätzen. Es geht ja auch gar nicht um die Dinge an sich, sondern um die Abwehr der Tatsache, dass es eigentlich für Jugendliche nicht mehr angemessen ist, von Mama und Papa endlos mit materiellen Dingen, mit Dienstleistung, mit Fürsorge versorgt zu werden. Das macht im Inneren schwach und müde – und wütend auf einen selbst. Und das geht beiden Seiten so, den Heranwachsenden und den Erziehungspersonen.

Stattdessen könnten Sie mit Ihrem Jugendlichen immer wieder neu und altersgemäß für einen gewissen Zeitraum absprechen, welche Rechte und Pflichten anliegen und nach Vereinbarung von Konsequenzen erfüllt werden. „Ich möchte, dass wir uns jeden Sonntagabend zusammensetzen und gemeinsam planen, wer nächste Woche was einkauft. Ist das okay für dich?“ Der Erwachsene muss sich erwachsen verhalten und der Jugendliche nicht mehr wie ein kleines Kind, sondern wie ein Teenie, der in einer kleinen Gemeinschaft Verantwortung übernimmt. Aber das muss er erst lernen – in vielen Situationen. Wenn das dann tatsächlich immer öfter funktioniert, gibt es ein gutes Gefühl auf beiden Seiten: Wieder was dazugelernt!

> Der Erwachsene muss sich erwachsen verhalten und der Jugendliche nicht mehr wie ein kleines Kind.

Die vielfältigen Variationen der Abwehr der Erziehungspersonen und der Pubertierenden – auch sie leugnen ihren wahren Zustand, erpressen und bestechen –, die Verantwortung für sich selbst in aller Konsequenz zu übernehmen, werden im Verlauf der Pubertät des Kindes immer schwächer, weil erfolgloser. Je älter der Jugendliche wird, umso deutlicher wird, wie vergeblich es ist, etwas durchsetzen oder „durchschmeicheln“ zu wollen, das innerlich nicht akzeptiert wird.

Manch einer realisiert diese Zusammenhänge jedoch nicht rechtzeitig, mit der Folge, dass der Kontakt oberflächlich oder latent aggressiv wird, man schreit sich an oder meidet sich. Da ist dann Mut zu neuem Verhalten wichtig, vielleicht mit Hilfe von außen, um wieder in ein gutes Fahrwasser miteinander zu kommen. Denn vergessen wir nicht: Wie unsere Kinder im Erwachsenenalter Konflikte austragen, das lernen sie in der Pubertät – und da lohnt sich doch die Mühe!

Phase 4: Die Kapitulation

Es ist so weit. Alle Eltern erleben diesen Moment, mit großer Klarheit, durch Tränenschleier hindurch oder von Schluchzen begleitet, erleichtert, in einer heftigen Auseinandersetzung oder sogar im Traum: Mein Kind geht weg von mir, ich kann nichts mehr dagegen tun! Die seelische Nabelschnur ist zerrissen, mit einem kräftigen Ruck oder einfach abgefallen, je nachdem, wie die Beziehung vorher von beiden Seiten gestaltet wurde und welches Temperament die Akzente setzt!

> Es ist so weit: Die seelische Nabelschnur ist zerrissen.

Natürlich geht dieser Moment vorüber und man setzt seinen gewohnten Alltag fort. Aber etwas ist anders geworden, das merken alle. Ganz offensichtlich ist es ja, wenn der Jugendliche auszieht oder wegfährt – für ein Jahr ins Ausland geht oder auch in den Sommerferien mit seinen Freunden mit dem Interrail-Ticket durch fremde Länder zieht. Dann kann man noch ausrüsten, Geld und gute Ratschläge mitgeben. Am Flughafen sieht man schließlich, wie das eigene Kind nach einer flüchtigen Umarmung voller Tatendurst durch die Kontrolle geht, und im Herzen zieht es. Wird er zurechtkommen? Wird er überhaupt zurückkommen? Was fange ich jetzt mit mir an? Was bedeutet das für mich, für meine Partnerschaft? Selbst wenn man sich auf diesen Moment gefreut hat – endlich Ruhe, endlich Zeit –, selbst dann arbeitet der innerseelische Ablösungsprozess und verbreitet ein seltsames Gefühl, man steht ein bisschen neben sich. Denn jetzt, wo das „Kind" alleine zurechtkommt, spürt man sich selbst wieder mehr, die Zeichen des Älterwerdens, den Rücken, die Zähne, die Müdigkeit, den Stress auf der Arbeit. Man geht jetzt wieder mehr zum Arzt, vielleicht ins Fitnessstudio. Was ist mit dem Chor? In eine Fortbildung, die man lange aufgeschoben hat? Warum eigentlich nicht! Man sieht auf einmal die eigenen Eltern in einem anderen Licht: So haben die sich vielleicht auch damals gefühlt, als ich ohne ein Wort in eine andere Stadt gezogen bin. Damals habe ich nicht einen Gedanken daran verschwendet, was meine Mutter gedacht hat, als ich die Wohnungstür zugeknallt habe.

Aber der Moment der vollzogenen inneren Ablösung stellt sich manchmal auch ein, wenn niemand auszieht oder wegfährt. Die 16-Jährige schläft zum ersten Mal bei ihrem Freund und geht von dort aus zur Schule, mittags kommt sie dann nach Hause und geht mit ihrer Mutter einkaufen. Sie unterhalten sich für einen Moment wie Freundinnen. Der Sohn bekommt nach bestandener Führerscheinprüfung vom Freund der Mutter das Auto und dann fährt er mit seinen Kumpels in die Stadt. Oder noch jünger: Die 14-Jährige erklärt der geschiedenen Mutter, dass sie ab jetzt beim Vater wohnen will, ihr 16-jähriger Bruder meint, dass ja dann seine Freundin einziehen kann, die gerade zu Hause rausgeflogen ist. Die Heranwachsenden treffen ihre Lebensentscheidungen, die Sie vielleicht ein bisschen hinauszögern, aber nicht aufhalten können, und das ist auch gut so. Und nach und nach kommen Ihnen neue Ideen, die nichts mehr mit dem Heranwachsenden zu tun haben. Und auch Aktivitäten fallen Ihnen ein, die Sie nicht mehr mit den Bedürfnissen der Kinder abstimmen müssen, Sie tun es einfach! Die Kräfte, die jahrelang dem Nachwuchs vorbehalten waren, dürfen Sie jetzt mehr und mehr auf sich selbst lenken – und – der Abschied darf auch gefeiert werden.

> Sie sind wieder frei und müssen Ihre Aktivitäten nicht mehr mit den Bedürfnissen der Kinder abstimmen.

Phase 5: Abschied und Trauer

Die kleinen Abschiede im Laufe der Pubertät bereiten auf den großen Abschied vor. Mit jedem unerwarteten Ereignis wird ein bisschen mehr deutlich, dass das Küken sich mausert und ein etwas zerrupfter Jungschwan sich breitmacht. Man selber wird wohl bald zur älteren Generation gehören. Ungewohnt und auch traurig, denn die eigene Jugend ist ja eigentlich auch schon lange vorbei, selbst wenn man sich nicht so fühlt und oft am liebsten mit den Jugendlichen blödeln oder abhängen würde. Kann man ja auch, für einen Moment, das tut gut. Aber dann zieht man sich besser aus dem Kreis der Pubertierenden zurück und überlässt sie ihrem Pidgin-Deutsch und ihren Träumen, in denen man nichts zu suchen hat.

Das Küken mausert sich und ein etwas zerrupfter Jungschwan macht sich breit.

Sehnsuchterfüllter Blick
Du sehnst die alte Zeit zurück
Mein Auge sieht den hellen Tag
Der einst in meinem Herzen lag
Das kleine Kind ist fort
Es lief zurück an seinen liebsten Ort.

Santana Wagner (18 Jahre)

Die eigenen Jugendträume sind endgültig vorbei, vielleicht ist einiges in Erfüllung gegangen, vieles nicht. Das wird einem jetzt klar: Man wird kein Leistungssportler mehr werden, auch keine Konzertpianistin. Stattdessen arbeitet man vielleicht als Versicherungsangestellter oder als Musiklehrerin. Davon lebt man jetzt und die Kinder auch. Dennoch kommen diese Erinnerungen ausgerechnet jetzt hoch. Auch daran, mit wem man eigentlich zusammen ist, denn diese Person ist auch älter geworden! Die großen Verliebtheiten finden im eigenen Leben wahrscheinlich nicht mehr statt, oder nicht mehr so oft. Dieses Wahnsinnsgefühl der ersten Liebe, das man in den Augen der Tochter wiedererkennt, wird es für einen selbst nicht mehr geben.

Und diese gut aussehenden jungen Menschen! Diese ausdrucksstarken Gesichter und der weiche Flaum ihrer Wangen. Diese Mischung aus körperlichem Erwachen und verschlafenen kindlichen Momenten. Ständig verändert sich ihr Aussehen und zwischen all den schlaksigen und unbeholfenen, einstudierten oder zusammengesunkenen Bewegungen scheint plötzlich eine Anmut auf, eine unbewusste Erotik, die einem den Atem nimmt. Ein Moment von Bewunderung, vielleicht auch Neid und Angst, diese Unschuld könnte zerstört werden. Und man möchte sie

Die Familienphase ist bald vorbei, ebenso wie Ihre Jugend. Lassen Sie Ihre Trauer darüber ruhig zu.

unbedingt davor beschützen, wo sie es doch nur noch selbst tun können. Die Freude über die Schönheit, die oft unfreiwillige Komik und die Kreativität dieser Jugendlichen darf man zwischendurch einfach mal genießen. Der Druck, ständig erziehen und beschützen zu müssen, darf langsam nachlassen. Und auch die Trauer, dass das alles bald vorbei sein wird, genau wie die eigene Jugend, darf gespürt und ausgesprochen werden; dadurch zeigen wir unsere Verletzbarkeit, und das macht uns menschlich.

Und erst wenn man die Trauer wahrgenommen und die neue Leere sich aufgetan hat, kann man einen Moment innehalten, ein bisschen in alten Fotos blättern, mit Freunden darüber sprechen und sich erinnern, was man alles zusammen erlebt hat und wie besonders schön oder witzig viele Situationen waren. Ganz allmählich kommt man so auf neue Ideen und probiert andere Denk- und Verhaltensweisen aus.

Phase 6: Die Öffnung

In der Regel braucht es immer eine kleine Kapitulation, damit sich die Seele öffnen kann. Sich öffnen heißt Fragen stellen wie: Was kann ich tun, damit es besser funktioniert zwischen mir und meinem Jugendlichen – und zwar ohne Geschrei und Geschimpfe, ohne Vorwürfe und bösen

Worte? Sich öffnen heißt auch, sich bewusst zu werden, dass man genauso, wie man lernen musste, Mutter oder Vater eines Babys zu sein, lernen muss, mit einem Heranwachsenden und mit Respekt vor seiner neuen Lage umzugehen. Sich öffnen heißt auch, andere zurate zu ziehen. Den Lehrer, Freunde, Bücher zu befragen: Was ist jetzt anders? Was kann ich anders machen?

Und natürlich gilt immer als Erstes: zuhören. Was will der Jugendliche eigentlich in diesen kritischen Momenten? Die jungen Menschen sollen sich erklären können, sei ihre Sprache noch so umständlich und verworren, ihre Bedürfnisse artikulieren, die vielleicht so leise geflüstert sind, dass man sie kaum hört, oder aber förmlich aus ihnen herausplatzen. Das heißt noch lange nicht, dass man tut, was sie sich wünschen. Aber man hört zu und öffnet sich für ihre Perspektive: Das ist schwierig genug. Denn gerade, wenn man aus dem Haus geht und noch einmal zurückläuft, um den Schirm zu holen, steht sie im Türrahmen und sagt: „Du, Mama, ich muss mal mit dir reden, es ist wichtig!" Oder nachts, man ist todmüde und wartet darauf, dass der Sohn nach Hause kommt. Endlich dreht sich der Schlüssel im Schloss, da wirft sich der Junge alkoholisiert aufs Sofa und redet los, wirres Zeug. Zuhören hat sich immer bezahlt gemacht, sei das

Sich öffnen heißt als Erstes zuhören. Was will der Jugendliche eigentlich?

Gesagte auch noch so unverständlich oder unpassend oder aufgebracht oder kaum hörbar geflüstert. Die veränderte Sicht der Jugendlichen wahrzunehmen und anzuhören, das ist das große Zeichen dafür, dass eine Öffnung stattfindet.

Ein anderes ist, sich für sein eigenes Leben zu öffnen. Nicht nur mal so, sondern weil es der beste Weg ist, lebendig zu bleiben und nicht starr oder krank zu werden, weil man sich alt fühlt oder nichts mehr im Leben passiert. Sex ist auch so ein Thema. Als Eltern eines Babys gab es so wenig Gelegenheit dazu und später so viel Arbeit und immer diese Müdigkeit! Jetzt ist es auch an der Zeit, sich wieder sinnliche, erotische Erfahrungen zu gönnen. Das hält jung und verringert den hinter der Kontrolle versteckten Neid auf den sexuell aktiven Nachwuchs! Oft stecken Mütter oder auch Väter in den Wechseljahren, wenn ihre Jugendlichen loslegen. Umso wichtiger, die Feuerkraft dieser körperlichen und seelischen Umwälzungen zu nutzen und Aufgaben, Ideen, Träume Wirklichkeit werden zu lassen. Das hört sich anspruchsvoll an, ist es auch und auch wieder nicht.

In unserer Gesellschaft werden wir nicht so schnell aufs Altenteil abgeschoben, sondern stehen meistens mitten im (Berufs-)Leben. Es gibt genug Menschen, auch außerhalb unserer Familie, die unsere Fürsorge, unser Engagement, unseren Einsatz gut gebrauchen können. Dafür kann man sich auch ehrenamtlich engagieren. Um uns herum gibt es so unendlich viel Bedarf an Kommunikation, an tatkräftiger Unterstützung und gemeinsamen Aktivitäten. Man muss ihn nur wahrnehmen und auf sich beziehen. Die Energie dazu hat man ja nun wieder. Hobbys sind gut. Wenn man für eine sinnvolle, vielleicht sogar gesellschaftlich wichtige Aufgabe in Kontakt und Austausch mit anderen steht, fühlt man sich zufrieden und bekommt Anerkennung. Und jetzt, da die Teenies größer werden, hat man auch zunehmend Zeit, Freundschaften zu pflegen, die auch im Alter noch tragen, und soziale Netzwerke zu knüpfen.

> In Ihrem Leben werden nun Zeit und Energien frei, die Sie für andere Aufgaben, Ideen und Träume nutzen können.

Phase 7: Die Integration

Auf einmal gibt es Anzeichen dafür, dass es reibungsloser läuft im Zusammenleben mit den Heranwachsenden. Die Gespräche sind nicht mehr so lautstark, viel mehr Abmachungen als früher werden eingehalten. Die Geschirrspülmaschine ist ausgeräumt, wenn die Mutter abgekämpft von der Arbeit kommt, und endlich wird auch die neue Freundin des Vaters nicht mehr mit Schweigen bestraft.

Was ist passiert? Nicht über Nacht sind die Heinzelmännchen gekommen und haben alles nach Wunsch gerichtet. Nein, das ist das noch etwas holprige Ergebnis regelmäßiger, interessierter Gespräche, in denen gemeinsam verhandelt wurde. Die unterschiedlichen Interessen wurden von beiden Seiten wahrgenommen. Grenzen wurden markiert und innerhalb dieses Rahmens wurde um Vereinbarungen und um die Konsequenzen gerungen für den Fall, dass die Absprache nicht eingehalten wird. Alle Beteiligten haben begriffen und am eigenen Leib erfahren, wie viel besser man mit solchen Absprachen leben kann. Man probiert miteinander aus, wie weit man nachgeben kann und wo es angesagt ist, eine echte Grenze zu setzen. Übrigens auch eine gute Übung für demokratisches Verhalten!

Welche Grenzen man setzt und wie weit man nachgeben kann, hängt natürlich auch vom Alter des Teenies ab. Nehmen wir als Beispiel Verhandlungen rund um den PC. Internetanschluss aufs eigene Zimmer? Wie viele Stunden am Tag? Welche Spiele? Da wird hart gerungen und Sie werden sich oft genug erst mal informieren müssen, wovon die Youngsters eigentlich sprechen. Treffen Sie keine Entscheidung aus der Bequemlichkeit der alten Rolle heraus, sondern wägen Sie gemeinsam, vielleicht auch über einen gewissen Zeitraum hinweg, die Vor- und Nachteile ab. Lassen Sie sich dabei nur nicht drängen und versuchen Sie, nicht gleich wütend oder sarkastisch zu werden. Wenn es Ihnen mehr und mehr gelingt, aus echtem Interesse heraus die Wahrnehmung und Bedürfnisse Ihres Jugendlichen zur Kenntnis zu nehmen und gute Verhandlungsergebnisse zu erzielen, die dann auch noch eingehalten werden, dann haben Sie den Boden bereitet für eine respektvolle Beziehung mit dem zukünftigen erwachsenen Sohn oder der Tochter. Auf dieser Grundlage können Entscheidungen gemeinsam getroffen werden, die weitaus weiter reichen als die Angelegenheiten von Teenies. Sie haben jetzt das Vertrauen miteinander aufgebaut, das Wissen darüber, dass die Beziehung tragfähig ist und dass man mit engagierten Verhandlungen erfolgreich und gewaltfrei die notwendigen Entscheidungen gemeinsam treffen kann.

Am Ende des Prozesses stehen Vertrauen und das Wissen, dass die Beziehung tragfähig ist.

Unter dem Strich

Wenn wir Pubertät als Prozess der Umwandlung begreifen, so wird plötzlich deutlich, dass diese Zeit der Veränderung für alle Beteiligte wichtig für das Gestalten zukünftiger Beziehungen ist, dass sie bestimmte Ziele hat und damit für uns als Eltern eine neue Herausforderung entstanden ist. Es ist eben nicht nur eine Zeit der Probleme und Schwierigkeiten, von der wir sagen: „Hoffentlich ist das endlich bald vorbei!“ Es ist auch eine Beziehungschance, die wir aktiv oder passiv gestalten können, wir haben die Wahl. Und: Es gibt viele kleine Hilfen, die es uns genauso wie den Pubertierenden leichter machen, den Veränderungsprozess konstruktiv zu gestalten. Davon wollen wir Ihnen in diesem Buch möglichst viele an die Hand geben.

RISKANTES VERHALTEN – DIE VERSCHLÜSSELTE BOTSCHAFT

„Und es kam der Tag, da das Risiko, in der Knospe zu verharren, schmerzlicher wurde als das Risiko zu blühen."

Anaïs Nin

Eigentlich verläuft die Pubertät nie nach Lehrbuch. Je nach Temperament und Veranlagung kommt sie früher oder sogar viel später als bei anderen. Manche Kinder machen mit Pauken und Trompeten auf jede kleine Veränderung aufmerksam, bei anderen schleicht sie sich auf leisen Sohlen heran.

Die Jugendlichen probieren sich aus, ja ... aber manche gehen noch weiter. So weit, dass man Angst um sie bekommt und sich bange fragt, wie weit sie noch gehen werden und ob sie je wieder in einem normalen Leben Fuß fassen können. Man kann sie nicht daran hindern, sich selbst Schaden zuzufügen, sie sind schon zu alt dazu. Sie entziehen sich zusehends und beschreiten ihre verborgenen Lebenspfade. Für manche Eltern und Personen, die sie lieben, brechen schwere Zeiten an: schlaflose Nächte, Tränen, Selbstvorwürfe und Aggressionsattacken. Wie soll man das bloß überstehen?

Manchmal ist das Einzige, was man in diesen schwierigen Zeiten tun kann, die Haltung bewahren bzw. wiedergewinnen, Zuversicht und Hoffnung bei sich und dem Jugendlichen stärken, den Verstand schärfen, lebensfreundliche Kontakte pflegen und sich seines einzigartigen Wertes bewusst werden.

Thema Nummer eins: Sex

Man kann sich die erwachende Sexualität wie einen starken Hurrikan vorstellen, der durch eine kleine gepflegte Stadt rast, die über keinerlei Schutzvorrichtungen verfügt. Erst die Vorboten, dann ist er da: Dächer werden abgedeckt, Wände brechen ein, Brücken schwimmen davon, Bäume werden entwurzelt. Die Betroffenen versuchen sich voller Angst in Sicherheit zu bringen, aber am Schluss bleibt ihnen nur noch das nackte Leben. Und die Fundamente: Auf ihnen entstehen in verschiedenen Bauabschnitten neue, moderne,

> Die erwachende Sexualität ist wie ein Hurrikan, der durch eine kleine gepflegte Stadt rast.

den geografischen Bedingungen besser angepasste Gebäude. Auch die Zähne eignen sich als Vergleich: Milchzähne wachsen, brechen unter Schmerzen durch den Gaumen, fallen nach sechs Jahren wieder aus und machen nach und nach einer ganz anders geformten Zahngeneration Platz, die jetzt ein ganzes Leben lang abbeißen und kauen soll.

Die erwachende Sexualität wird als eine unwiderstehliche Macht wahrgenommen, die alle kindlichen Strukturen, Körper-, Denk- und Fühlformen umwälzt. Erwachsene kennen das: Ab jetzt kann jedes Wort, ein unkontrollierter Versprecher, ein Bücken im falschen Moment, eine Fingerhaltung sexuell aufgeladen werden und brüllendes Gelächter nach sich ziehen. Hervorgerufen durch die körperliche Ausrichtung auf Fortpflanzung ist Sexualität bei dem jugendlichen Menschen in allen mehr oder weniger versteckten Erscheinungsformen stets allgegenwärtig. Medien wie Werbung, Zeitschriften, Fernsehen und Internet mit ihren permanenten visuellen Impulsen verstärken diese Fixierung in einem hohen Maße, um den Reiz der sexuellen Stimulierung mit dem Konsum von Dingen und Dienstleistungen zu verknüpfen. In der Werbung wird das am deutlichsten: Die Präsentation eines neuen Autotypen ist ohne eine attraktive Frau nicht denkbar – kaum ein Produkt, das Aufsehen erregen will, kann es sich leisten, auf eine eindeutige erotische Anspielung, sei es durch Bild, Musik oder Sprache, zu verzichten.

Die inneren Spannungen, die in dieser Zeit in den jungen Menschen vorherrschen, prägen das gesamte Verhalten und beeinflussen jeden Lebensbereich. Freundeskreis, Melancholie, Magersucht, Fußball – alles wird erotisch eingefärbt und aufgeladen. Es sind die inneren Kämpfe, die jetzt die neuen Lebensmuster der jungen Frau und des jungen Mannes hervorbringen. Die sexuelle Orientierung wird in der Pubertät geprägt, ebenso das Verhalten in Konflikten sowie das Lernverhalten. Und wo Umbau ist, Abriss und neuer Aufbau, kann immer etwas schiefgehen. Nach der Zerstörung einer Stadt durch eine Naturkatastrophe ist nicht immer gleich ein neuer Plan zur Hand. Man muss sich Zeit lassen, die neuen Bedingungen und Anforderungen studieren, experimentieren und schließlich den Neuaufbau durchführen. Das alles macht die Natur im Körper schon von alleine, aber die sozialen Verhaltensmuster schälen sich erst im Zwischenspiel der individuellen Veranlagung und der sozialen Umgebung heraus: Sex und/oder Liebe? One-Night-Stands? Was ist normal? Religiöse und kulturelle Grenzen – Sex vor der Ehe? Was ist pervers? Schwul oder was? Wann? Wo? Mit wem? Zu viel? Zu wenig? Gar nicht? Porno? Mit Gewalt? Wer verletzt wen? Körpergrenzen – Seelengrenzen? Versuch und Irrtum bringen Licht in

Kondom überziehen oder Pille nehmen und ab geht's – oder gibt es sonst noch was zu beachten?

das unbekannte Dickicht der Sexualität – oder die kulturelle und religiöse Orientierung der sozialen Gruppenzugehörigkeit bestimmen diesen Weg!

Was aber kann an sexueller Aktivität in der Jugend schon riskant sein? Klar, man muss „aufpassen", das heißt, sich keine Schwangerschaft, kein Aids und keine Geschlechtskrankheit einfangen. Also Kondom überziehen oder Pille nehmen und ab geht's? Oder gibt es da vielleicht doch noch andere Risiken, die es zu beachten gilt?

Mädchen

Junge, gerade erblühende Mädchen strahlen auf andere Menschen eine große Attraktivität aus. In vielen Kulturen dreht sich alles um die sexuell unberührte junge Frau. Wissen doch der Mann, der sie entjungfert hat, bzw. seine Familie oder Sippe im Falle einer Schwangerschaft ganz genau, dass dies sein Kind ist. Darauf beruht die soziale Ordnung der meisten gegenwärtigen Gesellschaften und wird als solche mit dem Verbot des vorehelichen Geschlechtsverkehrs für junge Frauen – wenn nötig mit Gewalt – aufrechterhalten.

Nicht nur in traditionellen islamischen Familien wird die Familienehre am Verhalten der Mädchen und Frauen gemessen. Noch in der Generation unserer Eltern galt ein uneheliches Kind als große Schande und die Mutter hatte mit einem mühevollen Außenseiterleben zu rechnen, wenn sie sich und das Kind durchbringen wollte. In Goethes „Faust“ wird das schwangere Gretchen öffentlich hingerichtet – eine Form der Abschreckung für die nachwachsenden Mädchengenerationen, die aktuell noch in vielen Teilen der Welt praktiziert wird.

Die meisten Mädchen auf diesem Globus haben keine Möglichkeit, die Erfahrungen zu machen, die für die Pubertät typisch sind:

- Beziehungen ausprobieren, meist zum anderen Geschlecht (und oft noch gar nicht sexuell)
- experimentieren in Bereichen wie Ausbildung oder Arbeit, Sportarten, Musik, Theater
- die eigene Attraktivität austesten
- selbst über einen Beziehungs- bzw. Ehepartner entscheiden.

Diese jungen Frauen übernehmen ohne eine selbstbestimmte Experimentierphase schon sehr jung Verantwortung. Sie verlassen ihr Elternhaus für eine Heirat und ein Leben in der Familie des Ehemanns. Sie führen eine stabile intime Beziehung zum Ehemann, gebären Kinder und sorgen für sie. Sie sorgen und unterstützen die Familie bzw. Sippe und erfüllen die vorgegebenen Pflichten einer Ehefrau und Mutter – in erster Linie zählt jetzt die Gemeinschaft, in der die junge Frau das schwächste Glied ist.

Sexuelle Selbstbestimmung wird jungen Mädchen hauptsächlich in den anonymen Großstädten der westlichen Industriegesellschaften zugestanden. Schon in ländlichen Gebieten herrscht ein wesentlich rigiderer Verhaltenskodex, der unter anderem durch die soziale Kontrolle der Familie und der Nachbarn durchgesetzt wird. Riskantes Verhalten von pubertierenden Mädchen ist in klarer Abhängigkeit von der kulturellen und religiösen Zugehörigkeit zu definieren. Vorehelicher Sex und Schwangerschaft, die Erfahrung von sexueller Gewalt werden auch hier in Deutschland und Europa ganz unterschiedlich wahrgenommen: von der bewussten Unterstützung der Entwicklung einer eigenen selbstbewussten Weiblichkeit bis hin zur massiven Bestrafung (Ausgrenzung aus der Gemeinschaft, Schläge, Einsperren bis hin zum „Ehrenmord“).

Welche Folgen hat das riskante Verhalten?

Wenn Mädchen sich riskant verhalten, drohen ihnen die unterschiedlichsten Folgen.

- Sie können abgelehnt und schwer bestraft werden (durch Familie oder Peergroup), wenn sie ihre Erotik austesten und mit mehreren Jungen schlafen oder auch nur „herummachen“ – schnell werden sie zur Schlampe abgestempelt.

- Sie können gegen ihren Willen verheiratet werden.
- Sie können unfreiwillig schwanger werden, bevor sie dazu reif sind, die Mutterrolle zu erfüllen.
- Sie können unfreiwillig schwanger werden aus Unkenntnis über Verhütungsmittel, aus Angst, sie einzusetzen oder einzufordern, aus Hilflosigkeit, sie überhaupt zu beschaffen.
- Sie können unehelich schwanger werden und müssen – je nach kulturellem und religiösen Hintergrund – mit unangenehmen bis schweren Konsequenzen rechnen.
- Sie können schwanger werden und ihre Ausbildung nicht mehr fortführen, oft sind sie dann alleinerziehend und auf staatliche Unterstützung angewiesen.
- Sie können krank werden, wenn sie ohne Schutz mit einem kranken Jungen oder Mann schlafen.
- Sie können von einem bekannten oder unbekannten Mann genötigt und vergewaltigt werden, wenn es niemanden gibt, der hilft.
- Sie können von Mitgliedern der Familie sexuelle Gewalt erfahren, manchmal über viele Jahre hinweg.
- Sie können sexuell ausgenutzt werden (in Schule, Ausbildung oder Studium).
- Sie können sexuell gemobbt werden (im Internet, in der Schule, am Ausbildungsplatz).

Die Faszination durch junge Mädchen, sogenannte Lolitas, steht im Mittelpunkt des öffentlichen und familiären Interesses. Kein Wunder, dass Eltern oft nicht genau wissen, wie sie ihre Heranwachsende behandeln sollen. Wenn ihre Kultur klare Verhaltensvorschriften vorgibt, halten sie die Mädchen zu Hause, kontrollieren ihre sozialen Kontakte und verheiraten sie so früh es geht mit einem Mann, der aus einer in Freundschaft (oft auch Verwandtschaft) verbundenen Familie stammt. Aber auch tolerante Eltern, die ihrer Tochter eine freizügige Jugend gönnen, wissen oft nicht, welche Grenzen sie setzen und wie sie ihre Tochter vor den Gefahren schützen sollen. Ist es richtig, wenn die 14-Jährige schon mit ihrem Freund ins Bett geht? Darf er bei ihr übernachten? Wissen seine Eltern davon? Wenn man es ihr verbietet, wird sie es dann woanders tun? Sicherlich wird sie das dann woanders tun – in einer Umgebung allerdings, die unsicherer ist als zu Hause.

Über Verhütung reden

Ein Beispiel. Der alleinerziehende Vater der 15-jährigen Lena nimmt (nicht unbedingt begeistert) zur Kenntnis, dass seine Tochter seit Neuestem einen Freund hat, Tobi. Ohne ihn zu begrüßen, schlüpft Tobi in ihr Zimmer und die beiden kommen erst nach drei Stunden mit roten Wangen wieder heraus. Anschließend lädt Lenas Vater beide zum Tee ein und sagt Tobi bei dieser Gelegenheit, dass er es für eine selbstverständliche Höflichkeit hält, wenn Tobi ihn begrüßt.

Dennoch bleibt der Vater innerlich unruhig – er fragt sich, wie die beiden es wohl mit der Verhütung halten. Bei Tobis nächstem Besuch klopft der Vater an die Zimmertür und tritt ein. Beide liegen zusammen im Bett. Er bittet sie, sich anzuziehen, und sie setzen sich zusammen auf Lenas Sofa. Der Vater sagt ihnen, dass er es in Ordnung findet, wenn sie sich mögen und zusammen schlafen. Er möchte jetzt aber erklärt bekommen, wie sie verhüten, damit kein unerwünschtes Kind entsteht. Außerdem kündigt er an, dass er mit Tobis Mutter sprechen möchte. Es stellt sich heraus, dass die beiden noch keinen wirklichen sexuellen Kontakt hatten, aber kurz davor stehen. Besonders Lena ist erleichtert, dass ihr Vater das Thema offen anspricht, da sie sich noch nicht getraut hat, mit Tobi darüber zu reden. Tobi findet Präservative normal und verspricht Lena und ihrem Vater, dass er sie immer benutzen wird, wobei Lena mit darauf achten soll.

Nach zwei Monaten, in denen sie zum ersten Mal miteinander geschlafen haben, trennt sich Lena von Tobi: „Er wollte eigentlich nichts anderes als mit mir ins Bett gehen, das fand ich langweilig. Ich möchte, dass mein Freund auch mal etwas mit mir unternimmt."

Mädchen von allen Erfahrungen fernhalten zu wollen ist das eine Extrem, das andere, sich überhaupt nicht für ihr Liebesleben zu interessieren. Verhütung und Infektionsgefahr sind mindestens so wichtige Themen in Familie und Peergroup wie die Fragen: Woran merkt man, dass ein Mensch mich wirklich liebt? Oder: Wie kann ich einen anderen lieben, ohne mich selbst aufzugeben? Muss ich meine Freundinnen, meine Hobbys, meinen Trompetenunterricht zurückstellen, damit er mich ganz für sich hat?

Was können Sie ihr noch beibringen, damit sie sich selbst schützen kann, wenn Sie als Eltern das nicht mehr können? Die Selbstbestimmung Ihrer Tochter zu stärken heißt, ihren Körper, ihre Seele und ihren Geist zu stärken. Da gibt es viele Möglichkeiten.

So stärken Sie die Selbstbestimmung Ihrer Tochter

- Klären Sie sie über ihren körperlichen Zyklus auf und die Möglichkeiten, schwanger zu werden – im Sinne eines kostbaren Geschenks der Natur, das im richtigen Moment zum Einsatz kommen wird.
- Stellen Sie die Menstruation als Zeichen der fruchtbaren Weiblichkeit positiv dar.
- Behandeln Sie Beschwerden in der Menstruation auch mit Naturheilmitteln und zeigen Sie in diesen Tagen viel Fürsorglichkeit.
- Fördern Sie einen bewussten und kritischen Umgang mit Medikamenten und warnen Sie Ihre Tochter vor

wahllosem Tablettenkonsum. Auch Naturheilmittel, Homöopathie und eine Reihe anderer sanfter Heilmethoden können viel bewirken.

- Feiern Sie ein Fest zur ersten Menstruation Ihrer Tochter. Das Mädchen wird in die Gemeinschaft der Frauen aufgenommen und durch diese Zugehörigkeit auch beschützt.
- Fördern Sie Beziehungen des Mädchens zu älteren weiblichen Angehörigen und Freundinnen.
- Fördern Sie körperliche Aktivitäten und suchen Sie gemeinsam Sportangebote.
- Unterstützen Sie Ihre Tochter darin, an einem Selbstverteidigungskurs teilzunehmen.
- Helfen Sie ihr, Gewalt und Manipulation frühzeitig zu erkennen und sich dagegen zu schützen.
- Jedoch: Warnen Sie nicht ständig vor den überall lauernden Gefahren. Damit machen Sie nur Angst und wecken Trotz.
- Berichten Sie als Mutter von riskanten Situationen, aus denen Sie sich früher gut befreien konnten. Machen Sie ihrer Tochter Mut und zeigen Sie ihr, dass Sie ihr zutrauen, gut durchs Leben zu kommen.
- Betonen Sie ihre Fähigkeiten und stärken Sie zusätzlich die Vorstellung eines Schutzengels oder einer anderen schützenden Macht. Freundinnen können sich gegenseitig stärken.

- Betonen Sie ihre Talente und den Wert einer guten Ausbildung. Sie sollte mit einem erlernten Beruf gut für sich und, wenn notwendig, für ein Kind sorgen können. Wir haben nicht nur in Deutschland eine hohe Scheidungsrate und sehr viele alleinerziehende Mütter, die in Armut leben.
- Rechnen Sie zusammen mit Ihrer Tochter das Gehalt einer Floristin, Friseurin, Tierpflegerin usw. aus und vergleichen Sie das mit den aktuellen Ausgaben Ihrer Tochter und ihren Wünschen.
- Fragen Sie sie nach ihren Zielen, was sie gerne erleben und welchen Einsatz sie dafür bringen will.
- Sprechen Sie mit ihr darüber, woran sie merken kann, dass man einem Menschen, einem Mann vertrauen kann (etwa daran, dass ein Nein akzeptiert wird, vorausgesetzt, sie sagt es klar und deutlich).
- Unterstützen Sie sie dabei, Nein zu Dingen wie Alkohol, Drogen, Sex zu sagen, die sie nicht will.
- Unterstützen Sie sie dabei, sich Hilfe zu holen, wenn sie alleine nicht weiterkommt, und auch fremde Menschen anzusprechen.
- Helfen Sie ihr dabei, gute, sichere Situationen zu suchen und riskante Situationen entschärfen zu lernen.
- Unterstützen Sie sie dabei, Fragen nach dem Leben und Sterben zu stellen, einer eigenen spirituellen Richtung zu folgen, die Halt gibt und Trost bereithält.

24 x 56 = 1344 => 228.480
·170

Jungen

Natürlich ist Sex für pubertierende Jungen ein zentrales Thema. Wahrscheinlich das zentrale! Und damit sind wir schon bei dem Dilemma: Wie soll der Junge sich zu all den Gefühlen verhalten, die dieses Thema in ihm auslöst? In der Peergroup mit den Freunden lässt sich schwer darüber reden: Wer hat schon wie viel Erfahrung? Wer hat wie viel Angst? Und wovor eigentlich? Soll ich angeben und „Heldentaten" erfinden? Soll ich meine Unsicherheit gestehen und als Angsthase dastehen? Und wie ist das mit meinem besten Freund? Zu nahe darf ich ihm nicht kommen, sonst werde ich als schwul denunziert! Und wenn ich mit den netten Mädchen zusammen bin, passiert dasselbe: „Was ist denn mit dir los, bist du schwul?" Was ich auch tue – als Junge in der Pubertät – ich komme nicht ran an das Thema, das mich wirklich interessiert!

Buchtitel spiegeln dieses Dilemma wider: etwa „Einsame Cowboys. Jungen in der Pubertät" (Cheryl Benard und Edit Schlaffer) oder „Die Jungen-Katastrophe. Das überforderte Geschlecht" (Frank Beuster). Einsamkeit ist das eigentliche Thema der Jungen. Jeder ist weitgehend auf sich allein gestellt und aus dieser Perspektive lassen sich viele „merkwürdige" Verhaltensweisen der Jungen einfacher verstehen. Manche ziehen sich zurück, damit sie möglichst übersehen werden: Schrecklich, diese Pickel im

Gesicht – hoffentlich macht nicht auch noch jemand eine abfällige Bemerkung darüber! Andere sind einfach laut und versuchen ständig und mit allen Mitteln, sich in den Mittelpunkt zu stellen. Und wieder andere kaspern pausenlos herum. Fragt man die Mädchen, so finden sie die meisten Jungs in der Pubertät nervig bis unerträglich. In der Schule treffen Jungen und Mädchen aus demselben Jahrgang aufeinander, was aufgrund der unterschiedlichen Entwicklungsverläufe für beide Geschlechter eine große Herausforderung ist. Plötzlich sind die Mädchen größer und weiter entwickelt als die Jungen – da ist es natürlich nicht einfach, miteinander gut auszukommen. Verliebt sich ein Junge in ein Mädchen seiner Klasse, so ist er für dieses oft völlig uninteressant, eben noch ein kleiner Junge.

> Das eigentliche Thema der Jungen ist Einsamkeit.

So sieht sie aus, die vertrackte Lage der Jungs! Es bleibt ihnen nichts anderes übrig, als auf sich selbst gestellt mit den aufkommenden Problemen umzugehen und eine Linie für die eigene Entwicklung zu erfinden. Oft gibt es eine gute Gemeinschaft im Sportverein, was aber ein gewisses Talent und Leistungsfähigkeit voraussetzt, um Anerkennung in der Gruppe zu finden. Hier können die Jungen sich im Wettbewerb miteinander messen und Bestätigung finden. Oft hängen sie aber auch nur herum, reden über

Gott und die Welt und hören Musik. Eltern wissen schnell Bescheid, was es bedeutet, wenn der Flur mit einer Unzahl riesiger Turnschuhe übersät ist: Hoffentlich ist der letzte Besuch beim Lebensmitteldiscounter nicht zu lange her! Aber Sie sollten diese Momente genießen – es ist ein Zeichen von großem Vertrauen und Anerkennung, wenn die ganze Clique sich bei Ihrem pubertierenden Sohn trifft. Und die Gruppe hat Wichtiges aufzuholen: Sie muss ihr eigenes Rollenbild entwickeln.

Bis in die weiterführende Schule haben Jungen ihre meiste Zeit mit Frauen verbracht: zunächst mit der Mutter, die in der Regel immer noch die Cheferzieherin ist, weil der Vater oft als Besserbezahlter für das Familieneinkommen sorgt. Dann mit den Erzieherinnen im Kindergarten – mit Glück haben sie hier auch einen Zivildienstleistenden kennengelernt – und anschließend in der Grundschule, wo bestenfalls der Schulleiter männlich war. Das, was Jungen am meisten brauchen und genießen, ist Zeit mit ihrem Vater. Gemeinsame Unternehmungen und Ausflüge, gemeinsam kochen, Fußball spielen oder schwimmen gehen, vielleicht auch ein gemeinsamer Kurzurlaub nur „unter Männern", möglicherweise auch mit anderen

> Bis zur Pubertät haben Jungs die meiste Zeit mit Frauen verbracht. Umso wichtiger sind jetzt gemeinsame Unternehmungen mit dem Vater.

Vätern und deren Söhnen, werden für Jungen prägende und unvergessliche Erlebnisse sein. Hilfreich ist hier die Website www.vaeter-zeit.de, auf der nützliche Informationen für Väter zusammengestellt sind.

Schwul – Homosexualität und Coming-out

Besonders prekär wird die Lage für den Jungen, der entdeckt, dass er schwul ist. Das Wichtigste ist für ihn, sicher sein zu können, dass seine Eltern ihn auch mit seiner Homosexualität lieben und in allen Belangen akzeptieren und unterstützen. Stellen Sie also Ihre eigene Haltung auf den Prüfstand! Experten schätzen, dass 5–10 Prozent der Bevölkerung homosexuell, also schwul oder lesbisch sind. Jungen wissen sehr früh, welche Haltung ihre Eltern zu Schwulen und Lesben haben. Unter den Jungen selbst ist „schwul" ein sehr verbreitetes Schimpfwort, paradoxerweise besonders auch für die Jungen, die sich gut mit Mädchen verstehen. Es geht hierbei also offenbar um ein Tabu, um „Verräter" gegenüber der männlichen Gruppe, die sich von Mädchen und ihrer Art des Umgangs miteinander distanziert. Für schwule Jungen

> Entdeckt ein Junge, dass er schwul ist, ist das Wichtigste für ihn, zu wissen, dass seine Eltern ihn weiterhin lieben und ihn akzeptieren und unterstützen.

gibt es zumindest in den Großstädten Beratungsstellen und auch schwule Jugendgruppen, die Unterstützung und Hilfen anbieten. Auf der Website www.schwulejugendgruppen.de kann man sich darüber informieren.

So unterstützen Sie Ihren Jungen

- Stärken Sie ihn in dem, was er gut hinbekommen hat, wo Sie seine Stärken und Talente sehen, indem Sie ihm so oft es geht eine positive Rückmeldung geben.
- Helfen Sie ihm, eine für ihn geeignete Sportart oder einen Verein mit einer Jugendgruppe (Kirche, Pfadfinder etc.) zu finden.
- Nehmen Sie sich, besonders als Vater, Zeit für Ihren Sohn. Wenn er diese Zeit gerade nicht braucht, halten Sie das Angebot für ihn erkennbar aufrecht.
- Laden Sie ihn zu gemeinsamen Unternehmungen ein – auch einmal nur „unter Männern".
- Sprechen Sie als Vater mit Ihrem Sohn über seine Verantwortung in Verhütungsfragen.
- Kümmern Sie sich als Vater auch um die schulischen Angelegenheiten Ihres Sohnes.
- Unterstützen Sie ihn bei seiner beruflichen Orientierung – zeigen Sie ihm doch einmal Ihren Arbeitsplatz und was Sie den ganzen Tag so tun.

Grenzerfahrungen

Jugendliche beider Geschlechter konsumieren zunehmend mehr und früher Alkohol, Zigaretten und Drogen jeder Art. Unter depressiven Gefühlen, der Ablehnung des eigenen Körpers, Essstörungen und Angst leiden Mädchen deutlich häufiger. Viele heranwachsende junge Frauen richten ihre Aggressionen gegen sich selbst, etwa durch Ritzen, Hungern oder heimliches Erbrechen. Jungen drücken ihre Verwirrung und Unsicherheit oft in gewalttätigem Verhalten aus. Sie verwenden dann eine reduzierte und brutale Sprache, stehen permanent unter einer hohen Körperspannung und suchen Erleichterung in der gezielten sprachlichen und physischen Verletzung ihrer (manchmal vermeintlichen) Gegner. Ganz beliebt sind auch verächtliche und abwertende Worte und Handlungen gegenüber dem anderen Geschlecht und schwächeren Jungen.

> Jungen drücken ihre Unsicherheit oft in gewalttätigem Verhalten aus. Mädchen richten Aggressionen eher gegen sich selbst.

Diese unterschiedlichen Strategien von Mädchen und Jungen zur Bewältigung unerträglicher Gefühle und Gedanken haben ihre Ursachen unter anderem in den Erwartungen der Umgebung: Eltern, Lehrer oder Nachbarn dulden bei Mädchen sehr viel weniger aggressives, zerstörerisches Verhalten und Jungs können es sich vor ihren Kumpels nicht leisten zuzugeben, dass sie Versagensängste haben oder zutiefst vom Tod ihrer Großmutter getroffen sind. Die Definitionen von einem „super Mädel“ und einem „tollen Typen“ vermitteln sich den Jugendlichen ohne große Worte. Medien, Werbung und Vorbilder beeinflussen zutiefst die Selbstwahrnehmung und Selbstablehnung und bewirken die systematische und oft schmerzhafte Anpassung an die allseits präsenten Rollenmuster. „Wer schön sein will, muss leiden“, sagt ein Model in einem Interview, als sie auf ihre unbequemen Schuhe hin angesprochen wird.

Das aber hat seinen Preis: Die jungen Menschen versuchen zu werden wie das Idealbild und kommen sich selbst wertlos und ungenügend vor. Ihre eigenen Fähigkeiten und Entwicklungsmöglichkeiten können sie gar nicht wahrnehmen – und sind somit eine fette Beute für Konsumversprechen aller Art!

Jugendliche lieben das Risiko! Experimente gehören, zum Schrecken oder Stolz ihrer Erziehungspersonen, in diese Zeit der körperlichen und seelischen Veränderung. Wer bin ich, wenn ich weit oder gar zu weit gehe? Wie viel kann ich (er)tragen, vertragen, mir und anderen zumuten? Was muss ich tun, damit mich andere bewundern, mich lieben – oder mich verlassen? Grenzerfahrungen suchen bedeutet aber auch Fehler machen, mit der Einschätzung danebenliegen, sich und andere überfordern. Die Eltern machen sich Sorgen um die Gesundheit und körperliche Unversehrtheit ihrer Kinder, haben Angst vor Unfällen, Konflikten mit der Polizei oder ungewollten Schwangerschaften – und das durchaus zu Recht. Doch es gibt eine Reihe von Maßnahmen, wie Sie Ihren Jugendlichen möglichst gut auf die überall lauernden Gefahren vorbereiten können.

So bereiten Sie Ihr Kind auf Gefahren vor

- Besorgen Sie sich aktuelle Informationen. Sorgen Sie dafür, dass Ihr Kind gut informiert ist über Verhütung, Fahrrad-, Auto- und Motorradfahren, nächtliche Straßen, Haltestellen und Drogen aller Art und dass es erkennen lernt, welche Personen es gut oder nicht gut mit ihm meinen.
- Handeln Sie als Vorbild.
- Setzen Sie Grenzen und passen Sie diese dem Entwicklungsstand Ihres Kindes an.
- Reden Sie dem Jugendlichen nicht seine Lieblingsbeschäftigung aus und machen Sie sie nicht schlecht, sondern teilen Sie ihm mit, dass Sie sich Sorgen machen, und überlegen Sie gemeinsam, wie man die Sache gefahrloser machen oder der Sorge begegnen kann.
- Sie können Ihr Kind nicht vor allen Gefahren schützen, Sie sind nur die Eltern! Life is not a safe journey –

das Leben ist keine gute Reise, die uns sicher ans Ziel bringt. Wir alle mussten lernen alleine zu gehen, hinzufallen und wieder aufzustehen. Niemand kann und darf den Jugendlichen das abnehmen. Wenn alles besprochen ist, können Sie nur mit Vertrauen ruhig schlafen.

In Krisenzeiten

Durchlebt eine Familie eine Krise – Arbeitslosigkeit, Trennung, neue Stiefeltern und Stiefgeschwister, eine schwere körperliche oder psychische Krankheit, Tod –, entstehen Situationen, die das Kind überfordern können. Die meisten Familien, und die meisten Jugendlichen, überstehen solche Krisen und wachsen daran.

> Die Bewältigung einer Krise kostet viel Energie. Für äußere Anforderungen bleibt dann nicht mehr viel übrig.

Oft lassen dann aber auch die schulischen Leistungen nach und das Verhalten des Kindes wird auffälliger. Diese schwierige Situation zu verkraften kostet viel Energie, die für die unsichtbaren inneren Bewältigungsprozesse gebraucht wird. Für äußere Anforderungen wie Hausaufgaben, regelmäßige Pflichten, diszipliniertes Verhalten ist dann nicht mehr viel Konzentration und Kraft übrig. Im Gegenteil, obwohl der junge belastete Mensch innerlich fast zerspringt, wird er den Schein nach außen wahren wollen, um nicht in den Ruch eines Versagers (mit Tränen und Verzweiflung) zu geraten.

Wenn ein Liebender zurückgewiesen oder sogar ausgelacht wird oder wenn die erste Beziehung zerbricht, entstehen oft heftige innere und äußere Spannungen, deren Ursachen die Umgebung aber nicht erkennen kann. Die Jugendlichen möchten sich den Erwachsenen darüber auch gar nicht mitteilen. Oft kann der junge Mensch seine Gefühle nicht in Worte fassen. Manchmal sind es auch Ereignisse in der Schule oder in der Peergroup, die ihn oder sie verwirren oder auch zutiefst verstören.

Wir sind es gewöhnt, dass Jugendliche oft launisch und unausstehlich sind – ja, wir erwarten es manchmal geradezu –, aber sehr oft unterschätzen wir den Kummer und die Verzweiflung, die sie durchleben. Wenn der seelische Schmerz so stark wird, dass er nicht mehr alleine verarbeitet werden kann, findet der Pubertierende eine verschlüsselte Möglichkeit, seinen Schrei nach Aufmerksamkeit und Liebe auszudrücken: in riskantem Verhalten. Wann muss man das Risiko, die Gefahr, die man wahrnimmt, ansprechen, wann muss gehandelt werden? Sie merken es daran, dass sich Span-

> Wird der Schmerz zu stark, drückt der Pubertierende seinen Schrei nach Liebe und Verständnis in riskantem Verhalten aus.

nungen aufbauen, die nicht mehr aufgelöst werden können, dass die Gedanken und das Handeln des Jugendlichen (und bald auch Ihre und die der übrigen Familienmitglieder) sich zunehmend und immer ausschließlicher auf einen bestimmten Stoff, eine Droge, eine Verhaltensweise konzentrieren. Alles dreht sich nur noch um das eine! Verfestigt sich diese Fixierung über einen längeren Zeitraum und verändern sich der Alltag und die sozialen Kontakte erkennbar, braucht der oder die Jugendliche Hilfe. Da ihm das aber in seiner Situation überhaupt nicht einsichtig ist, brauchen Sie als Eltern professionellen Rat: Es geht jetzt darum, herauszufinden, welche Botschaft Ihr Kind Ihnen durch sein auffälliges Verhalten vermitteln will und welchen Weg Sie jetzt, zusammen mit Ihrem Kind, einschlagen können.

Depression – wenn alles zu viel wird

„Ich halte das alles nicht mehr aus!" „Lasst mich bloß in Ruhe!" „Die anderen machen mich fertig!" „Ich hasse mich!" Zwischen 12 und 20 Jahren sind Kinder bzw. Jugendliche besonders verletzlich und anfällig für psychische Erkrankungen. Wenn der junge Mensch einen Unfall, eine Trennung, eine heftige, lang anhaltende Kränkung oder mehrere aufeinanderfolgende traumatisierende Erlebnisse nicht verarbeiten kann, so ist es nicht auszuschließen, dass er eine seelische Störung entwickelt.

Viele Jugendliche und deren Eltern scheuen sich davor, um Hilfe zu bitten. Sie schämen sich, fühlen sich als Versager und verbergen, wie es wirklich in ihnen aussieht: „Ich geh doch nicht zu einem Seelenklempner!“ Aber Depressionen bergen die reale Gefahr einer Abwärtsspirale in sich: Viele gefährdete Jugendliche suchen Erleichterung von ihrer seelischen Qual in der Selbstverletzung oder sehen sogar nur noch einen einzigen Ausweg – Selbstmord. An Schulen gibt es mittlerweile Programme zur Suizidprävention, denn Jugendliche in großer Seelennot sind sowohl hochgradig unfall- als auch suizidgefährdet.

Aber nicht jeder jugendliche Nervenzusammenbruch oder Liebeskummer entwickelt sich zu einer Depression. Trauerphasen sind notwendig, um Frustrationen zu bewältigen. Sie treten immer wieder auf und sind notwendig für das Erwachsenwerden: Die Jugendlichen betrauern in vielen kleinen und großen Begebenheiten den Verlust ihrer Kindheit. Dafür muss Zeit und Raum sein.

Aber seien Sie aufmerksam, wenn Sie über Wochen hinweg wahrnehmen, dass Ihr jugendliches Kind ...

- einfach nicht aus seiner Traurigkeit herausfindet;
- sich nicht mehr mit seinen Freunden trifft;
- keine Freude mehr hat an Aktivitäten wie Sport, Klavierunterricht, Reiten, Theater oder Partys;

- überhaupt nicht mehr richtig schläft;
- nur unregelmäßig oder kaum noch isst;
- sich ausschließlich hinter zugezogenen Vorhängen aufhält;
- keine Energie mehr aufbringt für schulische Anforderungen.

Es ist manchmal sehr schwer, an depressive Jugendliche heranzukommen. Die Anforderungen des Erwachsenwerdens verwirren und lähmen sie. Sie ziehen sich hinter einer undurchdringlichen Dornröschenhecke zurück und stellen sich schlafend. Tief in sich aber tragen sie den Wunsch, zu wachsen, stark zu werden und sich für das Leben zu öffnen. Darauf können Sie vertrauen.

So helfen Sie Ihrem Kind

Wenn Sie den Verdacht haben, dass Ihr pubertierendes Kind an Depressionen leidet, vergeuden Sie keine Energie mit Schuldgefühlen! Ihr Erziehungsstil ist nicht die Ursache dieser Krankheit: Jeder sechste Jugendliche aus jeder gesellschaftlichen Schicht kann davon betroffen sein, Mädchen häufiger als Jungen. Sprechen Sie über Ihre Beobachtungen, drücken Sie Ihre Sorge aus, bieten Sie Ihre Begleitung auf der Suche nach Hilfe an. Bleiben Sie dran, aber bedrängen Sie Ihr Kind nicht. Holen Sie sich selbst Unterstützung, wenn Sie sich ratlos und ängstlich fühlen. Je früher sich Ihr jugendliches Kind – manchmal gemeinsam mit Ihnen, den Eltern – auf ärztlichen und psychotherapeutischen Beistand einlassen kann, umso größer sind seine Chancen auf eine dauerhafte Heilung.

Gestörtes Essverhalten

Ihre Tochter nimmt nicht mehr an den gemeinsamen Mahlzeiten teil, Sie merken aber, dass sie nachts den Kühlschrank leert? Sie steht ständig auf der Waage, schließt sich eine halbe Stunde nach dem Essen im Bad ein und findet sich zu fett, obwohl sie ganz schmal geworden ist? Was ist los mit ihr? Wann hat das angefangen? Bei jeder Gelegenheit Essbares in sich hineinstopfen oder ständig ums Abnehmen kämpfen kann zu einer der folgenden psychosomatischen Erkrankungen mit Suchtcharakter führen: Magersucht (Anorexia nervosa), Ess-Brech-Sucht (Bulimie), Heißhungeranfälle (Binge Eating) oder Fettleibigkeit (Adipositas).

Die Jugendliche – meist sind es Mädchen – verliert, ohne es wahrzuhaben, die Kontrolle über ihr reales Nahrungsbedürfnis und entwickelt zwanghafte selbstschädigende Verhaltensweisen. Alle Gedanken kreisen nur noch um Nahrung, jede Gewichtsveränderung hat enorme Auswirkungen auf die Gefühle: Die lebensnotwendige Nahrungsaufnahme erzeugt nicht mehr Befriedigung und Genuss, sondern verselbstständigt sich, entlädt sich in Schuldgefühlen, Selbsthass, Verzweiflung – bis zum Suizid. Die dramatische Spirale der Zerstörung dreht sich schnell und sehr oft, ohne dass die Umgebung etwas davon merkt. Die junge Frau vermeidet es, offen für ihre Interessen und Bedürfnisse einzutreten, sie stellt sich keinem äußeren Konflikt. Das Schlachtfeld tobt in ihrer Seele, ihr Körper muss es ausbaden – und das im Verborgenen. Bestimmte Gefühle in ihr sind so schambesetzt, schmerzhaft und unerträglich, dass sie lieber die körperlichen Symptome und ihre soziale Isolation in Kauf nimmt, als sich einzugestehen, dass sie mit ihrem Leben nicht zurechtkommt und Hilfe braucht.

So helfen Sie Ihrer Tochter

- Nehmen Sie Ihrem eigenen Körper gegenüber eine positive Haltung ein. Freuen Sie sich an Ihrem Körper so, wie er ist!
- Gehen Sie innerlich auf Abstand zu den Schlankheits- und Schönheitsidealen. Werden Sie nicht zur Sklavin von Diäten. Für Mädchen sind die weiblichen Familienmitglieder oder andere nahestehende Frauen Vorbilder.
- Sprechen Sie mit Ihrer Tochter über Ihre eigenen Gefühle zum Thema „Dick- und Dünnsein".
- Registrieren Sie den Diätwunsch Ihrer Tochter als Unzufriedenheit mit ihrem Erscheinungsbild und suchen

Sie gemeinsam nach Möglichkeiten, schöne körperliche Erfahrungen zu machen (etwa beim Schwimmen, Laufen, Saunieren).

- Suchen Sie zunächst allein eine Beratungsstelle oder einen Arzt auf, um sich eingehender über bestehende Hilfsmöglichkeiten für sich selbst und Ihre Jugendliche zu informieren. Beratungsstellen finden Sie zum Beispiel über die Gelben Seiten; auch das Jugendamt bietet Beratung.

Im Internet finden Sie eine Fülle von nützlichen und umfassenden Informationen zum Thema Essstörungen. Bei dem gemeinnützigen Verein Hungrig-Online e.V. erfahren Sie beispielsweise, woran man die Störungen erkennt, womit sie zusammenhängen können, wie sie behandelt werden und wo man Hilfe finden kann. Sie können sich dieser größten deutschsprachigen Online-Selbsthilfegruppe auch anschließen. Über 50 ehrenamtliche Mitarbeiterinnen und Mitarbeiter unterstützen Ihre Jugendliche und Sie bei der Bewältigung der Essstörung (www.hungrig-online.de).

Aber Achtung: Ihre Jugendliche kann im Internet auch auf ganz andere Informationen stoßen. Auf sogenannten Pro-Ana- und Pro-Mia-Seiten (Pro-Anorexie, Pro-Bulimie) erfährt sie, wie man eine Essstörung vor den eigenen Eltern und Familienmitgliedern verheimlicht, welche richtige Infos suchen

Nahrungsmittel sich leicht erbrechen lassen und warum es auf alle Fälle cooler ist, magersüchtig als „ätzend fett“ zu sein! Ihre Tochter kann durchaus in einschlägige Chatrooms und Blogs geraten oder auf meist passwortgeschützten Foren den Gedankenaustausch von Mädchen und jungen Frauen über ihr extremes Schlankheitsideal verfolgen oder selbst daran teilnehmen. Wenn Ihre Jugendliche sich schon sonst in ihren Lebensbereichen als ohnmächtig empfindet, findet sie hier eine Möglichkeit, unter ihresgleichen die Illusion von Kontrolle über ihren eigenen Körper und ihr Hungergefühl aufrechtzuerhalten. Sie findet dazu Anleitungen, Austausch, Zuspruch und Anerkennung auf den Pro-Ana-Seiten, auf die sie durch die zweideutige bis schrille Berichterstattung der Medien schnell aufmerksam wird. Schauen Sie sich solche Seiten an und sprechen Sie mit ihr darüber.

Zu den Ursachen von Essstörungen, die mit am weitesten verbreitet und öffentlich am wenigsten akzeptiert werden, gehören sexuelle Gewalterfahrungen. Eltern eines essgestörten Kindes werden sicher den Gedanken, dass ausgerechnet ihre Tochter oder vielleicht sogar ihr Sohn davon betroffen ist, spontan von sich weisen. Es ist aber eine traurige Tatsache, dass etwa 50 Prozent aller Jugend-

Rund die Hälfte aller Jugendlichen mit Essstörungen waren Opfer sexueller Gewalt.

lichen mit Essstörungen sexueller Gewalt manchmal sogar über einen längeren Zeitraum ausgesetzt waren! Ritzen, also das Aufritzen der Haut mit Rasierklingen, Messern oder Ähnlichem, oder Drogenmissbrauch kann eine andere Form der Betäubung und Selbstschädigung darstellen. Die Jugendlichen erklären es so, dass der Schmerz beim Ritzen als Kick funktioniert und ihnen somit hilft, Stress abzubauen. Nach dem mehr oder weniger tiefen Anritzen der Haut fühlen sie sich eine Zeit lang erleichtert: Der körperliche Schmerz überlagert den seelischen Schmerz.

So sehr Sie sich vielleicht auch überwinden müssen, die eigene Hilflosigkeit einzugestehen, zögern Sie nicht, sich jemandem anzuvertrauen und geeignete professionelle Unterstützung zu suchen. In einer familientherapeutischen Einrichtung können alle Familienmitglieder zu einem Gespräch eingeladen werden und erhalten so die Gelegenheit, dem gefährdeten Teenie zu helfen und natürlich auch für sich selbst mehr Klarheit über die eigene Rolle in dem System Familie zu verschaffen.

Alkohol – die erlaubte Droge

„Hast du was zu trinken da?“ Damit meinen Jugendliche meistens nicht ein durstlöschendes Getränk, sondern

Alkohol – eine erlaubte „harte“ Droge. Alkohol törnt an, ist frei erhältlich, gesellschaftsfähig und relativ billig. Hat ein Familienmitglied aus der Eltern- oder Großelterngeneration ein Problem mit Alkohol (und damit ist nicht das Glas Wein bei gesellschaftlichen Anlässen oder ein Bier am Abend gemeint), besteht eine erhöhte Gefahr, dass auch der Teenager zu viel trinkt.

Die Kinder beobachten genau, wie Sie als Eltern Alkohol trinken: Brauchen Sie Alkohol zum Stressabbau? Dient er als Stimmungsaufheller? Gießen Sie sich immer öfters mal alleine ein Gläschen oder zwei oder mehr ein? Die Droge Alkohol hat ein großes – Körper und Geist zerstörendes – Suchtpotenzial. Es gibt sehr viele Jugendliche, für die der tägliche Konsum schon zur notwendigen Gewohnheit geworden ist.

> Auf vielen Partys kann man sich ohne eine Flasche Schnaps nicht blicken lassen.

Das „Komasaufen“ ist nur die Spitze des Eisberges, auf vielen Partys kann man sich ohne eine „Herrenhandtasche“ oder eine Flasche Schnaps unter dem Arm gar nicht blicken lassen! Abgesehen davon, dass dieser Stoff die Nervenzellen lähmt und viele Reize, Gedanken und Gefühle gar nicht mehr wahrgenommen werden (Alkohol ist bekanntermaßen ein Nervengift), ist Alkohol am Steuer eine der häufigsten Ursachen für Verkehrsunfälle und für Jungen besonders risikoreich.

Deswegen fällt es ja auch sehr viel leichter, Beziehungen unter Alkoholeinfluss zu knüpfen. Angetrunkene Mädchen begeben sich spontaner in riskante Situationen und gehen schneller ins Bett mit einem Mann, von dem sie vielleicht eher Abstand genommen hätten, wenn ihr normales inneres Warnsystem nicht außer Kraft gesetzt worden wäre. Auf Verhütung zu bestehen erfordert aber einen Rest von klarem Verstand und Selbstbewusstsein. Vergewaltigung, ungewollte Schwangerschaft, Infektionen sind nur einige der möglichen unangenehmen Folgen von alkoholseligen Situationen.

So gehen Sie richtig mit dem Thema Alkohol um

- Verbieten Sie den Alkoholgenuss nicht und machen Sie ihn nicht schlecht – es geht um eine möglichst sachliche, nicht moralisierende Einschätzung, wie Alkohol auf Körper und Geist wirkt.
- Schauen Sie hin, wenn Sie das Gefühl haben, da wird viel getrunken. Sprechen Sie das an und beschäftigen Sie sich damit gemeinsam.
- Trinken Sie selber mäßig. Wenn Ihr Teenie sieht, dass Sie Alkohol nicht brauchen, um Probleme zu bewältigen, dann kann er oder sie leichter Ihrem Vorbild folgen und auf den angeblichen Retter in der Not verzichten.

- Helfen Sie Ihrem Jugendlichen, sich zu beobachten und zu erkennen, wann er genug hat – und dann Nein zu sagen.
- Helfen Sie ihm, dem sozialen Druck selbstbewusst widerstehen zu lernen.
- Bringen Sie ihm bei, wie er die Wirkung abmildern kann: vor der Party richtig gut essen und zwischendurch Wasser trinken.
- Vergewissern Sie sich, dass Ihr Jugendlicher nicht unter Alkoholeinfluss Auto fährt oder bei einem alkoholisierten Fahrer mitfährt.
- Sprechen Sie mit Ihrer Tochter und Ihrem Sohn über Ihre Wahrnehmungen, was in Liebesdingen unter Alkoholeinfluss so alles passiert. Helfen Sie ihm und ihr, einen eigenen Standpunkt dazu zu finden. Stärken Sie die Haltung, dass auch nüchtern wunderbare Begegnungen passieren können und man sie besser genießen kann im Besitz seiner geistigen und körperlichen Kräfte!

> **Auch nüchtern sind wunderbare Begegnungen möglich – und man kann sie besser genießen.**

- Protzen Sie nicht mit Ihren eigenen „witzigen“ Alkoholexzess-Erfahrungen. Die Jugendlichen möchten das dann auch erleben.

Sport & Co.

- Unterstützen Sie Aktivitäten und Freundeskreise, die sich mit Leidenschaft einem Thema (etwa Sport, Ökologie, soziales Engagement, Reisen) widmen und bei denen Alkohol, wenn überhaupt, eher eine Randerscheinung bleibt.
- Schlagen Sie Ihrer jugendlichen Tochter oder Ihrem Sohn, wenn sie sich nicht aus dem vertrauten Alkohol- bzw. Drogenmilieu lösen können oder wollen, einen Ortswechsel vor. Schon vielen konnte sehr gut damit geholfen werden, dass sie bei Verwandten, Bekannten, Freunden in einer anderen Stadt oder einem anderen Land lebten und dort zur Schule gingen oder arbeiteten.

„Rauschtrinken"

In den Medien wird immer öfter über Jugendliche berichtet – fast noch Kinder, manche erst zwischen 10 und 13 Jahren, in England, Spanien, aber auch zunehmend in Deutschland –, die sich mit ihrer Gruppe so gut wie jedes Wochenende treffen, um große Mengen harter Alkoholika (vor allem Wodka-Mischgetränke) in sich hineinzuschütten. Wir sehen Jungen und Mädchen von orientierungslos umhertorkelnd bis bewusstlos im Schnee liegend, von Sanitätern auf Tragen in die Intensivstation eingeliefert, dem Tode nah. „Saufklassenfahrten" sind eine Meldung wert, wenn junge Menschen an gepanschtem Alkohol sterben. Über diese Art der Klassenreisen, besonders Abschlussfahrten, wird ansonsten nicht berichtet. Da gibt es viel Verständnis, denn „die Jugendlichen wollen ja schließlich auch mal über die Stränge schlagen". Ein Forschungsprojekt im Auftrag des Bundesministeriums für Gesundheit fand heraus, dass die Jugendlichen durch den Alkohol nach eigener Aussage in der Freundesgruppe mehr Spaß haben, sich lockerer fühlen, leichter Kontakte knüpfen und dass Stressgefühle betäubt werden. Die Gruppe findet ihren Anführer: Wer am meisten verträgt, ist der King! Gleichzeitig dient die Gruppe aber auch als Schutzraum (man passt aufeinander auf) und legt Grenzen fest (nicht übertreiben!). Nicht alle Jugendlichen nehmen regelmäßig an diesen Trinkgelagen teil, nicht alle sind gleich gefährdet, Schaden zu nehmen.

Die Studie hat herausgefunden, dass neben dem starken Wunsch nach Gruppenzugehörigkeit das elterliche Verhalten (klare Regelsetzungen bezüglich Alkoholkonsum und Ausgangsregelungen) eine wichtige Rolle spielt. Außerdem hat die Qualität der Eltern-Kind-Beziehung unmittelbaren Einfluss auf das jugendliche Rauschtrinken. Je mehr Vertrauen da ist, je besser man miteinander reden kann und je vorbildlicher sich die Eltern selbst verhalten, desto geringer die Gefahr. Jugendliche, die ein Ziel vor Augen haben, also Schulabschluss, Ausbildung und Beruf,

Partnerschaft und Familie, und sich zutrauen, ein zufriedenes, normales Leben zu führen, sind wesentlich weniger anfällig für fortgeführtes Rauschtrinken als junge Menschen, denen die Erfüllung dieser Wünsche nicht mehr in ihrer Reichweite erscheint. Schule und Elternhaus sind hier aufgerufen, mit diesen Erkenntnissen zu arbeiten und eine sinnvolle Prävention nicht nur für den einzelnen jungen Menschen, sondern für ganze Gruppen zu entwickeln.

> Je besser das Verhältnis zwischen Eltern und Kind, desto geringer die Gefahr, dass das Kind zum Rauschtrinker wird.

Für uns als Eltern bedeutet das, dass wir im ersten Schritt unser eigenes Verhältnis zum Alkoholkonsum kritisch prüfen und im zweiten das sachliche Gespräch mit unserem Jugendlichen suchen, unsere Sorgen mitteilen und ihn oder sie dabei unterstützen, einen angemessenen Umgang damit zu finden.

Rauchen – abhängig vom Glimmstängel

Tabak ist die am weitesten verbreitete legale Droge: für Jugendliche leicht zugänglich, erschwinglich – und nachweislich gefährlich. Denn Nikotin macht extrem schnell abhängig. Pubertierende, die aus Neugier, Unsicherheit oder weil sie dem Druck der Gruppe nicht standhalten können, sehr früh mit dem Rauchen beginnen, sind sich nicht bewusst, wie sehr sie ihrem jugendlichen Körper nachhaltige Schäden zufügen.

Wenn die jungen Menschen andererseits mit 20 Jahren noch nicht rauchen und vom Nikotin abhängig geworden sind, werden sie damit aller Wahrscheinlichkeit nach auch nicht mehr anfangen. Die größte Gefährdung für Kinder und Jugendliche, regelmäßig zum Glimmstängel zu greifen, besteht im familiären Umfeld! Machen Sie sich klar, dass Sie auch in dieser Hinsicht ein Vorbild darstellen, und versuchen Sie vom Nikotin loszukommen – wenn Sie es schon nicht für sich selbst schaffen, dann für Ihr Kind. Nebenbei tun Sie damit auch Ihrer eigenen Gesundheit etwas unendlich Gutes.

So steuern Sie gegen

- Hören Sie selbst mit dem Rauchen auf.
- Stellen Sie unmissverständlich klar, dass Sie der Meinung sind, Ihr Jugendlicher sollte nicht rauchen – aber verbieten Sie es nicht.
- Verbieten können Sie allerdings, dass zu Hause geraucht wird.
- Schließen Sie schon vor der Pubertät einen Vertrag ab, der bei rauchfreier Jugendzeit die Bezahlung des Füh-

rerscheins (oder einer anderen attraktiven Aktivität) in Aussicht stellt.

- Unterstützen Sie sportliche Aktivitäten und machen Sie sie gemeinsam.
- Bleiben Sie hoffnungsvoll. Mit zunehmendem Alter und wenn die Experimentierphasen zu Ende gehen, ändern viele Jugendliche ihre Haltung zum teuren Räucherwerk.

Der Griff zur Droge

„Hast du was zu rauchen dabei?“ Dieser Satz bezieht sich nicht nur auf Tabak, sondern auch auf Haschisch (Cannabis, Dope, Ganja, Pot, Marihuana). Haschisch ist die am weitesten verbreitete illegale Droge. Doch die meisten Konsumenten verschaffen sich nur gelegentlich am Wochenende, auf einer Party oder einem Festival dieses angenehme Gefühl der Entspannung.

Für manche Jugendliche ist das Jointrauchen so normal wie Biertrinken.

Für manche Jugendliche ist das Jointrauchen so normal wie Biertrinken, oft zusammen und manchmal zusätzlich zu anderen Drogen. Zu den anderen Drogen zählen die sogenannten Designerdrogen, Amphetamine, Ecstasy, halluzinogene Drogen, Beruhigungsmittel, Kokain, Crack,

Lösungsmittel, Heroin und Opiate. Wer regelmäßig viel Cannabis raucht, kann von der Droge psychisch abhängig werden; die körperlichen Folgen sind noch nicht klar erforscht. Manche Jugendliche verlieren die Kontrolle über ihren Gebrauch, stehen mit dem Joint auf und rauchen noch einen letzten im Bett vor dem Schlafen. Sie kommen „stoned" in den Unterricht, lassen einen Joint in der Pause herumgehen und bauen sich zu Hause als Erstes eine neue gefüllte Monsterzigarette. Die selbst gedrehten filterlosen Haschischzigaretten werden dazu tief inhaliert und schädigen bei einem derart exzessiven Konsum die Lunge.

Was Sie über Drogen wissen sollten

- Man macht sich strafbar, wenn man eine illegale Droge besitzt, weitergibt oder verkauft (nur der „Eigenbedarf" bleibt straffrei).
- Es ist illegal, anderen Personen das Rauchen von Cannabis oder Opiaten im eigenen Haus zu erlauben.
- Sie müssen die Polizei nicht informieren, wenn Sie vermuten, dass Ihr Kind illegale Drogen nimmt oder weitergibt. Sie sollten aber Kontakt zu einer Beratungsstelle aufnehmen, sich mit deren Hilfe eine Einschätzung der Lage verschaffen und sich Rat holen, um dann zu entscheiden, was zu tun ist.

DARAN ERKENNEN SIE INTENSIVEN DROGENGEBRAUCH

Manchen Eltern fällt nicht auf, dass ihr Kind regelmäßig Drogen nimmt, dabei gibt es deutliche Hinweise:

- Veränderte Schlafgewohnheiten
- Lethargie, Schläfrigkeit, Konzentrationsmangel
- heftige Stimmungsumschwünge
- veränderter Appetit, Heißhungerattacken
- Interessenverlust auf der ganzen Linie: Schule, Freunde (außer Kifferfreunde), außerschulische Aktivitäten
- Lügen und immer mehr Geheimnisse
- chronischer Geldmangel
- wiederholtes Verschwinden von Geld und Wertgegenständen.

Studien haben gezeigt, dass sehr viele Jugendliche die Wirkung von Cannabis an sich ausprobieren, häufig zusammen mit ihren Freunden. Manche experimentieren damit über einen längeren Zeitraum. Ein relativ geringer Prozentsatz bleibt daran hängen bzw. konsumiert regelmäßig (worunter natürlich die Alltagsaufgaben leiden) oder geht zu anderen, härteren Drogen über. Ob Ihre Jugendlichen Drogen schlucken, injizieren oder rauchen – immer versuchen sie damit eine innere Leere auszugleichen. Drogen sollen Gefühle und Gespräche ersetzen oder eine schöpferische Kraft freisetzen, die sie zwar in sich spüren, aber nicht produktiv umsetzen können. Sie leiden unter Einsamkeitsgefühlen, aber der regelmäßige Konsum von Drogen wie auch Medikamenten führt in eine Sackgasse, weil sie die jungen Menschen noch mehr isolieren.

Aber auch hier gilt: Wenn Kinder das Elternhaus als unterstützend und vertrauensvoll erlebt haben und in der Lage sind, ihre Probleme mitzuteilen, besteht weniger Anlass zur Sorge, dass sie einmal drogenabhängig werden, als bei Kindern, die im Haschischgenuss ihre seelischen Schmerzen betäuben wollen, weil sie niemanden hatten und haben, dem sie sich wirklich anvertrauen können. Es ist wichtig, dass Sie als Eltern wahrnehmen und unterscheiden können: Ist das jetzt ein Experiment, das viele mit einem Rauschmittel durchleben, oder ist es eine Gewohnheit geworden, die meinem Kind die Auseinandersetzung mit dem oft frustrierenden Erwachsenwerden abnimmt, indem ein ständiger schläfriger Schleier über alle Gefühle gezogen wird? Wenn Sie bei dieser Einschätzung unsicher sind (und welche Mutter, welcher Vater ist das nicht?), suchen Sie das Gespräch mit anderen Betroffenen bzw. Unterstützung durch eine Beratungsstelle. Auch Internet-

Kinder, die sich keinem anvertrauen können, sind stärker gefährdet, drogenabhängig zu werden.

seiten wie www.drugcom.de, die wichtige Informationen liefern, können eine Hilfe sein, sowohl für den Jugendlichen als auch für die Eltern.

Stehlen – sich nehmen, was man will

Haben wir nicht auch als Kinder oder Jugendliche etwas gestohlen? Oft wissen wir noch genau, was es war und wo wir es haben mitgehen lassen: ein Päckchen Zigaretten im Lebensmittelgeschäft, ein Lippenstift oder Wimperntusche im Drogeriemarkt, Kaugummi am Kiosk ... Ein Diebstahl, auch wenn es sich nur um eine Kleinigkeit handelt, ist immer etwas, was Sie ernst nehmen sollten. Aber dramatisieren Sie ihn nicht und erzeugen Sie keine unnötigen Schuldgefühle.

Ein junger Mensch, der stiehlt, schafft es (noch) nicht, nach Gesetzen zu leben, die es verbieten, das Eigentum anderer an sich zu nehmen. Er erliegt dem Reiz und der Verführung, etwas an sich zu bringen und keinen Gegenwert dafür zu leisten. Sehr früh bemerken ja unsere Kinder, welch hoher Wert Geld und Eigentum in unserer Gesellschaft beigemessen wird. Bei uns dreht sich sozusagen alles ums Geld und das, was man sich davon leisten kann. Doch Geld sichert nicht nur existenzielle Bedürfnisse, durch die Medien wird auch flächendeckend suggeriert, man könne sich Schönheit, soziale Anerkennung, erotische Ausstrahlung, ja sogar Liebe kaufen. Einfach alles sei mit Geld möglich – und hat man keins, ist man der Außenseiter schlechthin. Doch nichts ist schlimmer, als sich außen vor zu fühlen! Kinder und Jugendliche machen ihre eigenen Erfahrungen mit diesem Thema und erproben für sich, welche Macht Geld hat. Sie stellen irgendwann auch fest: Mit Geld können weder ich noch andere sich echte Zuneigung und Freundschaft kaufen. Auch mein tiefstes inneres Gefühl zu mir selbst, zu meinen Mitmenschen, zu meinem Haustier hat mit Geld gar nichts zu tun. Das sind Erkenntnisse, die durchaus angesprochen und diskutiert werden sollten! Denn wer steht uns und den Jugendlichen wirklich bei, wenn sie oder nahe Verwandte krank werden oder in irgendeiner Form auf Unterstützung oder echtes Verständnis angewiesen sind?

> Ohne Geld ist man in unserer Gesellschaft ein Außenseiter. Und wer möchte das schon sein?

Zunächst aber liegt klar auf der Hand: Wenn ich mit meinen Freunden in eine angesagte Location gehen, mich stylish anziehen oder mir was Leckeres zu essen kaufen will, muss ich mit Euros oder Scheckkarte bezahlen. Kein Weg führt daran vorbei. Da ist es nicht verwunderlich, dass Jugendliche versuchen, irgendwie an Geld heranzukommen.

In unserer glitzernden Konsumgesellschaft bohren ständig materielle Wünsche in den erwachsenen und jugendlichen Gemütern. Aber im Gegensatz zu den Erwachsenen verfügen die jungen Menschen, wenn überhaupt, nur über ein sehr kleines Budget. Stehlen probieren also viele aus und die allermeisten lassen es auch schnell wieder sein. Sei es, weil sie erwischt werden, sei es, weil ihnen die Aufregung beim Klauen zu groß ist, sei es, weil sie ihre Bedürfnisse einschränken und ihr Interesse anderen Dingen zuwenden. Aber warum gibt es Jugendliche, denen dies nicht gelingt, die immer wieder stehlen müssen?

Wenn ein junger Mensch lügt oder stiehlt, bringt er damit immer etwas zum Ausdruck: dass er nicht glücklich ist, dass sie sich unverstanden fühlt, dass er mehr Taschengeld möchte, dass er anders leben möchte, dass er sich in unserer Gesellschaft ungerecht behandelt fühlt ... Tatsächlich signalisieren Jugendliche durch Stehlen und Lügen, dass etwas in ihrem Leben schiefläuft. Werden sie aber nur bestraft und wird nicht über die heimliche Botschaft gesprochen, die ein solches Verhalten transportiert, dann lügen und klauen diese Jugendlichen immer wieder – das schmerzt und verwirrt sie selbst.

> Wenn ein Jugendlicher stiehlt und lügt, läuft etwas in seinem Leben schief.

Was sie beim Stehlen wirklich suchen, ist das machtvolle Gefühl, sich einfach zu nehmen, was man möchte. Was fehlt, ist die Empfindung von innerem Reichtum und Glück – aber das ist den Jugendlichen natürlich nicht bewusst. Das Problem ist, dass die Jugendlichen oft von Erwachsenen umgeben sind, die immerzu materielle Dinge benutzen, um ihre eigene innere Leere auszugleichen. Anstatt über ihre wirklichen Gefühle zu sprechen, kaufen sie sich Gegenstände und sprechen ohne Unterlass darüber (etwa Computer, Handy und Markenprodukte).

> Schuldgefühle verdecken die wirklichen Motive und sind unproduktiv. Entscheidend ist die Einsicht und der Wunsch, etwas zu verändern.

Erwachsen werden heißt aber, immer mehr Verantwortung für das eigene Handeln und das eigene Glück entsprechend den Möglichkeiten zu übernehmen, die man zur Verfügung hat. Es wäre sehr hilfreich, wenn ein Jugendlicher, der gestohlen hat, von einem Erwachsenen nicht nur bestraft wird, sondern auch Hilfe dabei erhält, die Bedeutung seines Handelns zu verstehen. Schuldgefühle verdecken die wirklichen Motive und sind unproduktiv. Entscheidend ist die eigene Einsicht und der Wunsch, an einer schwierigen Situation etwas aktiv zu verändern.

In der Praxis könnte das beispielsweise so aussehen: Wird Ihre Tochter in einem Geschäft beim Stehlen eines

T-Shirts ertappt und Sie kommen, um sie abholen, können Sie ihr die Summe, die Sie zu ihrer Auslösung bezahlen müssen, in Raten vom Taschengeld abziehen. Auf jeden Fall wäre jetzt eine günstige Situation, ihr davon zu erzählen, was und warum Sie selbst in Ihrer Jugendzeit gestohlen haben, und zu fragen, welchen Grund sie wohl heute dafür hat. Seien Sie geduldig und zeigen Sie echtes, nicht moralisierendes Interesse an ihren Motiven. Alternativen werden erst im Nachdenken darüber sichtbar. Wenn Ihr jugendliches Kind versteht, was es mit dem Diebstahl zum Ausdruck bringen wollte, dann fängt es an, selbst Verantwortung zu übernehmen und erwachsen zu werden. Sich verantwortlich fühlen ist das Einzige, was wirklich hilft, das Stehlen sein zu lassen.

Schlagen und körperliche Gewalt

Die Botschaften der Jungen werden anders verpackt als die der Mädchen: Sie werden handgreiflich, schreien laut, schlagen, treten um sich, halten zu mehreren jemanden fest, spucken ihn an usw. Es scheint manchmal, als ob Jungen die ganze Palette ausprobieren und die Reaktionen der Umwelt darauf testen. Kann ich damit weitermachen oder bremst mich jemand? Werde ich bewundert dafür, respektiert oder habe ich empfindliche Strafen zu befürchten?

Die starke Körperbezogenheit der Jungen kann man in jedem Moment sehen, spüren, ja sogar riechen. Sie drückt sich handfest in sportlichen Aktivitäten aus wie auch in den grenzüberschreitenden gewalttätigen Handlungen.

Die Grenzen werden besonders untereinander ausgetestet, die Rangordnung wird festgelegt, die schwächeren Jungen ordnen sich dem Anführer unter, der seine Position aber immer wieder in Auseinandersetzungen und einfallsreichen, oft auch illegalen Mutproben behaupten muss. Dies sind ganz reale Vorbereitungen auf das spätere Berufsleben: Fällt die Körperlichkeit weg, bleibt das hierarchische Muster, nach dem die meisten Unternehmen der Welt funktionieren. Wo aber wird für die Jugendlichen die Grenze deutlich zwischen einer tolerierbaren Rempelei und einem Verhalten, das einzelnen Personen und der Gemeinschaft Schaden zufügt?

Wo wird für die Jugendlichen die Grenze deutlich zwischen einer Rempelei und einem Verhalten, das anderen Schaden zufügt?

Sich in einer oft als ungerecht empfundenen Gesellschaft zu nehmen, was man will, wenn nötig mit Gewalt, ist eine von Erwachsenen vielfach beklagte Verhaltensweise, die man hauptsächlich bei Jungen findet, die aber auch ständig von profitorientierten Erwachsenen zelebriert wird. Ein Beispiel: Die mittlerweile kommerzialisierte Gangsta-Musikszene dreht sich ununterbrochen um

Machotypen und kriminelle und frauenverachtende Aktivitäten und drückt sich aus in der obszönen, gewaltverherrlichenden Sprache ihrer Sänger. Aber auch in Werbespots, PC-Spielen und TV-Thrillern sind nur die harten Jungs erfolgreich, die meist in schnellen, sündhaft teuren Autos unterwegs und rechts und links von attraktiven jungen Frauen dekoriert sind. Diejenigen Jungs, die diszipliniert eine anstrengende Ausbildung machen oder auf ihren Schulabschluss büffeln, sich mit dem zufriedengeben, was sie haben, vielleicht Sport machen und ein Mofa fahren, müssen sich vor solch einem Ideal schon zwangsläufig als Loser, als Versager fühlen. Was haben sie einer Clique und einem gut aussehenden Mädchen schon zu bieten?

> In den Medien haben nur die harten Jungs Erfolg und schöne Mädchen.

Erwachsene dürfen bei allem Unverständnis und aller berechtigter Ablehnung nicht vergessen: Jugendliche erfahren in dieser Welt viel Gewalt – und zwar in erster Linie von Erwachsenen –, und wo sie sie nicht selbst erleben, spiegeln ihnen Fernsehen, Internet und Computerspiele diese Ereignisse ins Jugend- oder Klassenzimmer.

Worauf weisen eine Sprache und ein Verhalten hin, die permanent aggressiv sind? Was drückt der männliche Jugendliche damit aus und was können Eltern und Erziehungspersonen tun? Wir wissen aus vielen Studien, dass

Täter immer vorher Opfer waren oder sich zumindest als solche empfinden. Und aus Opfern werden genauso oft wieder Täter und Täterinnen, es sei denn, dieser verhängnisvolle Kreislauf wird durchbrochen, indem man sich der eigenen Verantwortung bewusst wird.

Der Nährboden von zügellosen und ungebremsten Aggressionen besonders junger Männer liegt im Umfeld und der Atmosphäre einer Kindheit, in der Demütigung, Ohnmacht und Ausbrüche körperlicher und seelischer Gewalt ein sicheres Heranwachsen und moralisches Reifen verhindert haben.

Gewalt in der Familie

In allen Familien gibt es Streit und Konflikte. Das gehört offensichtlich dazu, wenn Menschen zusammenleben. Wirkliche Gewalt zwischen Erwachsenen und Kindern und Jugendlichen aber geht darüber hinaus: Ob es sich um Schläge, verbale Attacken, Schikanen oder um emotionale Erpressung handelt, es ist immer ein Zeichen von Machtlosigkeit und nicht stattfindender sprachlicher Kommunikation über die wechselseitigen, unterschiedlichen Bedürfnisse von Eltern und Kind.

WELCHE FORMEN VON GEWALT WENDEN SIE AN?

Überlegen Sie einmal, welche Formen von offener oder subtiler Gewalt Sie als Eltern einsetzen, um zu erreichen, dass sich Ihr Sohn oder Ihre Tochter so verhält, wie Sie es wünschen:

- Rutscht Ihnen nie, manchmal oder oft die Hand aus oder verlieren Sie richtig die Nerven, weil Sie die Provokation einfach nicht mehr ertragen können? Schreien Sie, knallen Sie Türen, stoßen Sie Beschimpfungen aus – was Ihnen danach immer leidtut?
- Sprechen Sie Strafen aus, die in keinem Verhältnis stehen zu den begangenen Fehlern, der Nachlässigkeit oder dem Unvermögen Ihres Jugendlichen? „Du hast schon wieder eine schlechte Note heimgebracht. Jetzt gibt's Partyverbot!"
- Verbieten Sie alle möglichen Dinge mit der Begründung: „Das ist nur zu deinem eigenen Besten"?
- Erzeugen Sie Schuldgefühle durch Sätze wie: „Du hast Mama wieder so aufgeregt, dass sie Migräne bekommen hat"?
- Hindern Sie Ihren Jugendlichen an bestimmten Aktivitäten mit den bedrohlichen Hinweisen, was ihm oder ihr alles zustoßen wird, wenn er oder sie nicht hören will? „Du wirst schon sehen ...!"
- Verbergen Sie Ihren Ärger und Ihre Wut hinter sachlich kalten Anweisungen?
- Sprechen Sie tagelang nicht mehr als nötig mit Ihrem Kind?

- Brechen Sie den Kontakt ab oder werfen Sie Ihr Kind aus der Wohnung? „Lass dich nie wieder hier blicken!"
- Haben Sie sich angewöhnt, nicht mehr hinzuhören oder hinzuschauen, was Ihr Sohn oder Ihre Tochter so treibt, weil Sie sich so ohnmächtig fühlen? „Mir doch egal, soll er machen, was er will! Ich kann sowieso nichts mehr daran ändern."
- Wehren Sie aus diesem Grund jeden tiefer gehenden Kontakt ab? „Mach doch, was du willst – ich will endlich meine Ruhe haben!"

Verhaltensweisen wie im Kasten oben dargestellt sind uns mehr oder weniger vertraut. Pubertierende sind nicht mehr so kontrollierbar und formbar wie kleine Kinder, sie machen zunehmend, was sie wollen. Wir müssen und dürfen lernen, was es bedeutet, mit Heranwachsenden zusammenzuleben, die ihre eigenen Interessen verfolgen, um zu selbstbewussten Persönlichkeiten zu werden. In unserer Gesellschaft werden Mädchen nicht mit dem Eintreten der ersten Menstruation verheiratet und zu ihrem Ehemann geschickt. Junge Männer müssen sich nicht schon mit 16 eine Arbeit suchen und das Haus verlassen. Wir leben auf engem Raum mit unseren

> Wenn Sie diktatorisch und rechthaberisch Ihre Befehle durchsetzen, ernten Sie Widerstand und verlieren den Kontakt.

Nachkommen zusammen, was jede Menge Aggressionen auf beiden Seiten auslöst. Wenn Sie diktatorisch und rechthaberisch Ihre elterlichen Befehle durchsetzen, werden Sie die ganze Palette des Widerstands ernten – und auf jeden Fall nicht nur den Kontakt verlieren. Wie aber können Sie die Aggressionen in ein akzeptables Miteinander verwandeln? Durch Neugier, ehrliches Interesse, die Bereitschaft, sich selbst zu hinterfragen, Konsequenz, Verständnis für die eigene Unfähigkeit, Geduld auch mit sich selbst und nicht zuletzt das Vertrauen darin, dass gelebte gute und ehrliche Momente die Basis für gegenseitiges Verständnis bilden.

Ein unberechenbares, nicht nur für Kinder und Jugendliche unerträgliches Familienklima entsteht oft aus Suchtproblemen. Unter Alkoholeinfluss verlieren viele süchtige Männer die Kontrolle über sich, schreien und schlagen brutal zu. Die Gewaltausbrüche richten sich gegen ihre Frauen, Kinder und Jugendliche. Männer sind weltweit häufiger von Alkohol und Drogen abhängig als Frauen, Frauen dagegen missbrauchen typischerweise bestimmte Medikamente. Kinder – vor allem Mädchen – aus Familien mit Suchtproblemen werden überdurchschnittlich oft in der Kindheit oder in der frühen Jugend Opfer sexueller Gewalt. Die Folge sind tiefe

> Oft sind Suchtprobleme der Eltern die Ursache für Gewalt in der Familie.

Eltern ⇒ Therapie
(Gef. die wir verheimlichen!!)

psychische Verletzungen, die unbehandelt ihrerseits ein süchtiges Verhalten, nicht selten auch mit Suizidfolge, nach sich ziehen. Jungen und Mädchen orientieren sich an dem gleichgeschlechtlichen Elternteil und verarbeiten diese Gewalterfahrungen somit unterschiedlich: Jungen, die Opfer körperlicher, auch sexueller Gewalt werden, neigen zu Gewalttätigkeiten, die sich gegen Schwächere richten. Mädchen verarbeiten Gewalterfahrungen eher mit selbstaggressiven Aktionen wie Ritzen, entwickeln massive Essstörungen oder nutzen kontinuierlich die betäubende Wirkung von Medikamenten.

Wenn Sie selbst von einer Suchtproblematik betroffen sind, Angehörige sind oder davon Kenntnis haben, zögern Sie nicht, Beratungsstellen und ähnliche Einrichtungen zu kontaktieren und deren Angebote zu nutzen!

Mobbing – unsichtbare Verletzungen

Manchmal leiden Jugendliche in der Schule stark unter Noten- und Konkurrenzdruck – auch die sarkastischen bis zynischen Bemerkungen mancher Lehrer können tief verletzen und das Selbstbewusstsein nachhaltig untergraben. Ebenso führen Schikanen, Ausgrenzungen und Demütigungen durch Mitschüler bei sensiblen jungen Menschen zu Depressionen, Selbstverletzungen und manchmal sogar zur Selbsttötung. Die Mobbingaktivitäten selbst erscheinen oft harmlos. Häufig erzählen die Jugendlichen zu Hause gar nichts über die Hänseleien, Erpressungen oder die sexuelle Anmache, denen sie manchmal tagtäglich ausgesetzt sind. Die Mobbingtäter, oft Jungen, lenken damit von ihren eigenen Schwächen ab, sie erheben Machtansprüche, sind aber auf die Mittäterschaft anderer angewiesen. Mobberinnen hänseln eher, verspotten ihr Opfer, verbreiten Gerüchte, grenzen es demonstrativ aus. Wenn hier keine Erwachsenen einschreiten, stabilisiert sich das Mobbinggeflecht manchmal über einen sehr langen Zeitraum in einem Zusammenspiel von Tätern, Helfern, Zuschauern und Opfern. Mithilfe von E-Mails, SMS und Handy-Filmen sind anonymere und umso verletzendere Formen des Mobbings entstanden. Gehässigkeiten, private Fotos, Filme, die Gewalttätigkeiten oder sexuelle Belästigung festhalten, werden der Schulöffentlichkeit vorgeführt oder sogar ins Internet gestellt.

Diese psychische Gewalt verletzt einen jungen Menschen noch weitaus mehr als die persönlich ausgeübte Gemeinheit. Da die Urheber unbekannt bleiben, entsteht eine Atmosphäre von Misstrauen und Verdächtigungen, in der die Beziehungen untereinander vergiftet und nicht zuletzt das gemeinsame Lernen unmöglich gemacht werden.

2009 hat das Kriminologische Forschungsinstitut Niedersachsen eine große Schülerbefragung durchgeführt, die unter anderem Auskunft darüber gibt, dass nur ein Drittel der Schüler, die gemobbt werden, sich der Schulleitung oder einer Lehrkraft anvertrauen. Sie schämen sich! Dabei gilt es als erwiesen, dass ein aktives Anti-Gewaltkonzept an der Schule und das beherzte Eingreifen der Lehrer oder Erzieher das Risiko von Mobbing vermindern!

Unabhängig davon, ob Ihr Jugendlicher Opfer oder Täter ist – Mobbing muss öffentlich gemacht werden!

Was Sie bei Mobbing tun sollten

- Bemühen Sie sich, ruhig und sachlich zu bleiben. Bewahren Sie einen emotionalen Abstand zum Geschehen – auch wenn es schwerfällt! Entwickeln Sie eher ein Gefühl von Verstehenwollen, als empört und schnell zu verurteilen.
- Bestärken Sie Ihr Kind (als Opfer wie als Täter), die Situation aktiv zu bewältigen, ohne sich in den Strudel von Hass, Denunziation und gegenseitiger Beschuldigung hineinziehen zu lassen. Ziel muss sein, dass das schädigende Verhalten sofort aufhört!
- Ihr Jugendlicher hat einen respektvollen Umgang verdient und sollte sich selbst auch so verhalten.
- Bieten Sie Ihre Unterstützung an und überlegen Sie zusammen, was er oder sie selbst machen muss, um wieder selbstbewusster zu werden.

- Regen Sie Ihren Jugendlichen an, wirklich alle Vorkommnisse so genau wie möglich mit Datum und Namen, zunächst für sich selbst, aufzuschreiben.
- Gehen Sie mit ihm und seinen Aufzeichnungen zu einer Lehrkraft Ihres Vertrauens oder der Schulleitung. Unterstützen Sie ihn dabei, eine Aussage zu machen.
- Unterstützen Sie ihn dabei, gegebenenfalls Anzeige bei der Polizei zu erstatten.
- Verlangen Sie, dass die Eltern des Täters über das Geschehen informiert werden. Es sollen Gespräche unter Beteiligung der Schule geführt werden mit dem Ziel, dass das Mobbing unverzüglich aufhört.
- Weist das Verhalten Ihres Jugendlichen traumatisierte Züge auf (Schlafstörungen, Depression, Essstörung, Schulverweigerung, Angstzustände), sollten Sie eine Beratungsstelle aufsuchen.

Was tun bei Mobbing per Handy oder Internet?

In diesem Fall soll Ihr Jugendlicher

- nicht per SMS oder E-Mail antworten,
- nicht selbst aus Rache zum elektronischen Mobber werden,
- keine privaten Fotos weitergeben oder ins Netz stellen,
- seine Handynummer und E-Mail-Adresse wechseln und nur an vertrauensvolle Personen weitergeben.

ENGAGEMENT IN DER SCHULE

In der Schule sollten Kinder, Jugendliche, Lehrkräfte und auch die Eltern sich sicher fühlen: Schule sollte ein Ort des Wohlfühlens und vertrauensvollen Lernens sein. An vielen Schulen ist das der Fall. Eltern kommen gerne zu Sprechtagen und Elternabenden, wirken mit in unterschiedlichen Projekten und Gremien, ja, sie haben das Gefühl, sie können sich vertrauensvoll mit ihren Anliegen an die Lehrkräfte ihrer Kinder wenden. Davor gilt es aber einen langen Weg der Verständigung zu gehen, besonders auch zwischen Lehrern und Eltern. Es gibt viele Projekte, die man in der Schule anregen und an denen man auch als Eltern mitwirken kann. Kinder und Jugendliche möchten wachsen und stark werden und dabei brauchen sie die Hilfe der Erwachsenen. Wenn Sie möchten, dass Ihr Kind in einer sicheren und ansprechenden Lernumgebung aufwächst, können Sie sich zusammen mit anderen Eltern an diesem Prozess in der Schule beteiligen.

=> Skillz4Life

Computerspiele – Leben in Scheinwelten

Seit der Erfindung der Mattscheibe sitzen Menschen, besonders Jugendliche und Kinder, davor, um am Leben außerhalb ihres Umfeldes teilzuhaben. Das Radio ist in den westlichen Industrieländern schon lange von immer perfekteren visuellen Entwicklungen überholt worden. Der Fernseher – immer noch in der Regel der soziale Mittelpunkt im deutschen Wohnzimmer – steht mittlerweile auch schon in jedem dritten Jugendzimmer! Der Siegeszug des PC, der ja schon kompakt eine Vielzahl von Möglichkeiten in sich vereint, ist nicht mehr aufzuhalten und bringt umwälzende Veränderungen des gesellschaftlichen Zusammenlebens mit sich, die wir noch nicht einmal erahnen können.

Mit „Spiel" meint man heute also – nicht nur im jugendlichen Sprachgebrauch – im seltensten Falle ein Gesellschaftsspiel oder ein reales Sportspiel, sondern ein Computerspiel, das vielleicht gerade „alle" spielen. Über 36 Prozent der aktiven Computerspieler sind Erwachsene! Andererseits gibt es im Internet einen gigantisch wachsenden Bereich, dessen Angebote und Dienste vor allem von Jugendlichen genutzt werden. Erwachsene haben häufig weder Kenntnis davon noch Zugang dazu.

Kinder wachsen heute schon mit einfachen PC-Spielen auf, erwerben aber oft ohne Wissen ihrer Eltern illegal Spiele, die für ihr Alter noch nicht zugelassen sind. Studien zeigen, dass Jungen, die täglich zwei bis vier und sogar mehr Stunden vor dem Computer oder Fernseher sitzen, deutlich schlechtere Schulnoten nach Hause bringen als ihre Mitschülerinnen, die in der Regel wenig Interesse an PC-Spielen haben. So wie Mädchen viel stärker gefährdet sind, Essstörungen zu entwickeln, besteht bei Jungen weitaus häufiger die Gefahr, dass sie spielsüchtig werden. So haben denn auch hauptsächlich männliche Jugendliche oft schon die Abenteuer- und Strategiespiele hinter sich gelassen, langweilen sich bereits mit Renn- oder Sportspielen (bei denen spektakuläre reale Mannschaftsauftritte nachgespielt werden) oder haben Simulationen und Schießspiele (Shooter) ausprobiert. Das Online-Rollenspiel „World of Warcraft" hat über 9 Millionen Fans in aller Welt. In vielen Stunden vor dem Bildschirm identifizieren sie sich mit ihren virtuellen Charakteren im Kampf gegen Monster aller Art, an deren Macht und Erfolgen sie intensiv emotional teilhaben. In „Counter Strike" dagegen, einem der umstrittenen Ego-Shooter, die beispielsweise häufig intensiv von den jugendlichen Amokläufern der letzten Jahre gespielt wurden, werden die Feinde in komplexen Teamkämpfen per Internet oder auf LAN-Partys mit modernsten Waffentypen ausgeschaltet.

Jungen, die stundenlang vor dem PC oder Fernseher sitzen, sind in der Schule deutlich schlechter als Mädchen.

WELCHE PC-SPIELE GIBT ES?

Das Angebot an PC-Spielen ist riesig und für Eltern manchmal recht unübersichtlich. Hier ein Überblick:

- Actionspiele: Dazu gehören Geschicklichkeitsspiele, bei denen eine schnelle Reaktionsgabe gefragt ist, und Ego-Shooter. Die Spielfiguren bekämpfen einander mit Schusswaffen. Der Spieler schlüpft sozusagen in seine Figur hinein und wird selbst zum Akteur.
- Abenteuer- und Fantasyspiele: Hier muss der Spieler Rätsel lösen und Hindernisse überwinden.
- Strategiespiele: Der Spieler kontrolliert bzw. koordiniert eine Nation, ein Volk oder eine Armee und verfolgt meist Wachstums- oder Eroberungsziele. Dazu braucht er taktisches und strategisches Geschick.
- Simulationen: Dazu gehören etwa Flugsimulationen, Lebenssimulationen wie „Die Sims" oder Simulationen ökologischer Zusammenhänge wie „Fish Banks".
- Lernspiele: Hier werden auf spielerischem Weg Lerninhalte vermittelt.
- Sportspiele: Die Klassiker sind Autorennen und Fußballmanagerspiele.
- Onlinespiele: Die meisten Spiele kann man auch online spielen. Zehntausende von Spielern in der ganzen Welt, deren Spielinformationen auf einer Datenbank gespeichert werden, können an der Stelle weitermachen, an der sie Stunden oder Tage vorher aufgehört haben. Es gibt aber auch viele kleine Spiele, die kostenlos aufgerufen und ohne Installation auf dem eigenen Rechner gespielt werden können.

Zunächst erlebt der junge Mensch die Computernutzung als aufregend, herausfordernd und belohnend. Indem er über viele Stunden hinweg in die virtuellen Welten und ihre Aufgaben eintaucht, kann er aus einer unbefriedigenden Lebenssituation entfliehen, was ihn emotional entspannt. Zugleich stellen sich in den kunstvollen und aufregend gestalteten Szenarien aber auch Vertrautheit und Spaß sowie Glücksgefühle, Erregungszustände und Machtgefühle ein. Die Grenze zur Abhängigkeit ist nicht deutlich auszumachen. Zurzeit weiß man nicht genau, wie viele computersüchtige Kinder und Jugendliche es gibt; man schätzt ihre Zahl auf 6–9 Prozent. In psychiatrischen Kliniken werden jedoch jährlich steigende Zahlen genannt.

Die Zahl der computersüchtigen Kinder und Jugendlichen steigt Jahr für Jahr.

Da computersüchtige Jungen sich nicht weiter auffällig benehmen, außer dann die beim Entzug ihres Suchtmittels buchstäblich ausrasten und alle Hebel in Bewegung setzen, um weiterspielen zu können, gibt es keine zuverlässigen Angaben über Computersucht. Hier wären repräsentative Untersuchungen notwendig, um Erkenntnisse über Häufigkeiten und Trends besonders bei Jugendlichen zu gewinnen.

Aus der modernen Hirnforschung weiß man: „Wer in den Strudel virtueller Welten eintaucht, bekommt ein Gehirn, das zwar für ein virtuelles Lebens optimal angepasst ist, mit dem man sich aber im realen Leben nicht mehr zurechtfindet“ (so Bergmann und Hüther im Buch „Computersüchtig“). Dies hört sich extrem an, ist aber tatsächlich schon bei vielen Jungen zu beobachten. Der Begriff „Medienverwahrlosung“ beschreibt die Folgen dieses schleichenden Realitätsverlusts.

Viele computersüchtige Jungen finden sich im wirklichen Leben nicht mehr zurecht.

Wie Sie gegensteuern können

Vor diesem Hintergrund wird deutlich, wie wichtig es ist, Kindern und Jugendlichen nicht einfach unkontrollierten Zugang zu Internet- und PC-Spielen zu gewähren und sie in dieser trügerischen Scheinwelt sich selbst zu überlassen. Stattdessen sollten Sie als Eltern …

- Inhalt und Zeitdauer von Medienkonsum aller Art aufmerksam wahrnehmen;
- keine negativen Kommentare abgeben, sondern sich informieren, sich das Spiel zeigen lassen, diskutieren, Fragen stellen, aber auch Position beziehen;
- klare Computer- und Fernsehzeiten verabreden, die eventuell halbjährlich „mitwachsen“;

- Konsequenzen bei Nichteinhaltung vereinbaren und diese auch in jedem Fall durchziehen;
- gegebenenfalls Zensurprogramme installieren bzw. den Browser entsprechend einstellen (pornografische oder Seiten mit Gewaltdarstellungen können so nicht aufgerufen werden);
- Alternativen schaffen und gemeinsame attraktive Familienaktivitäten für den Feierabend oder das Wochenende verabreden.

Auch hier gilt es, wie bei allen Spielarten des riskanten Verhaltens, flexible Grenzen zu klären und mit und für die Jugendlichen einen Rahmen zu schaffen, damit Abenteuer wie zum Beispiel Zeltlager und eigene Ziele wie Führerschein und Schulabschluss in der realen Welt körperlich und real erfahrbar werden.

Unsere Jugendlichen brauchen echte Aufgaben und Herausforderungen, an denen sie wachsen können.

Je mehr die Sinne an Erfahrungen beteiligt werden, desto größer ist die Chance, dass das Eintauchen in die virtuelle Welt als solches lustvoll wahrgenommen wird, aber auch wieder hinter den Erlebnissen in der realen Welt zurücktreten kann. Damit sie nicht zu „Computerkids“ werden, die in der virtuellen Welt Ersatzbefriedigungen finden, brauchen Jugendliche echte Aufgaben und Herausforderungen, an denen sie wachsen können. Sie brauchen Gelegenheiten, ihren Körper zu spüren, und eine Umgebung, in der sie gesehen, angenommen und anerkannt werden. Sie sind die nächste aktive Generation, die diese Gesellschaft sowohl virtuell als auch real gestalten wird, und dafür brauchen sie Unterstützung, Halt und Orientierung. Inhaltlich können Eltern und Erzieher meist nicht viel dazu beitragen, denn längst sind sie in puncto flexible Mediennutzung vom Nachwuchs überholt worden. Sie können sich aber gemeinsam mit den Jugendlichen auf die Suche machen und im Gespräch darüber bleiben. Sie können mit wirklicher Neugier nach ihren Erfahrungen, Wahrnehmungen, Einschätzungen fragen. Sie können sich etwas erklären lassen und ebenfalls Vorschläge machen, ihre Erfahrungen einfließen lassen in das Gespräch. Sobald sich ein Jugendlicher sprachlich artikuliert, entsteht schon ein Abstand zur künstlichen Welt der Fantasie. Denselben Zweck erfüllen auch die Unterhaltungen zwischen Freunden vor dem PC.

Und sie können immer wieder die körperliche und materielle Realität ins Spiel bringen und die Jungendlichen den Spaß, aber auch die Verantwortung erfahren lassen, die das Leben in einer Gemeinschaft mit sich bringt. Gespräche über das Leben und Sterben können manchmal auch vor dem PC geführt werden, spirituelle Gedanken über Gott und die Welt auch hier ihren Platz finden.

Chatten und surfen

„Sollen wir unserer 9-jährigen Tochter den Internetanschluss in ihrem Zimmer erlauben?“ Wenn Kinder beginnen, Medien in ihrem Alltag einen festen Platz einzuräumen – und das tun sie immer früher und immer öfter –, finden sich Eltern in einer zwiespältigen Situation wieder: Einerseits möchten sie ja, dass ihre Kinder Medienkompetenzen erwerben, da in fast allen Berufen und Lebensbereichen diese Fähigkeiten gefordert werden. Andererseits ist der Unterhaltungsfaktor, ja sogar das mögliche Suchtpotenzial dieser aufregenden Medien nicht zu übersehen. In welchem Rahmen also können unsere Youngsters Umgang mit den Medien erlernen, ohne ihre Persönlichkeitsentwicklung und die Entwicklung ihrer sozialen Fähigkeiten ins Hintertreffen geraten zu lassen? Selbst in den Rudolf-Steiner-Schulen, in denen lange Jahre der Computergebrauch abgelehnt wurde, hat der PC als Werkzeug Einzug gehalten.

Das Agieren in Wikis, Blogs, sozialen Netzwerken wie Facebook und ähnlichen Diensten des World Wide Web übt auf fast alle Jugendlichen eine enorme Anziehungskraft aus und bietet ihnen auch ein kreatives Betätigungsfeld. Hatten 2012 noch 28 % der 12 bis 13-Jährigen ein Smartphone mit Internetzugang, so waren es 2014 bereits 81 %, bei den älteren Jugendlichen über 90 % (JIM-Studie 2014). Die Ergebnisse zum Mediennutzungsverhalten der

12–19-Jährigen weisen auf ein augenfälliges Missverhältnis hin: Jugendliche bewegen sich inzwischen virtuos im Netz, bedienen sich der allerneuesten Tools und Dienste – und verschwenden so gut wie keinen Gedanken auf das Einhalten grundlegender Schutz- und Sicherheitsvorkehrungen. Die bunte Onlinewelt birgt jedoch eine Fülle von ungeahnten Fallen, in die man tappen kann und die nicht beabsichtigte Rechtsverstöße nach sich ziehen: Daten werden weitergegeben, ohne dass der Betroffene davon erfährt, persönliche Profile und private Veröffentlichungen werden missbraucht, ja sogar zu hinterhältigen Mobbingangriffen verwendet. Nicht zu vergessen die Suizid- und Magersuchtforen, Gewalt- und Pornoseiten.

Regeln und vereinbarte Nutzerzeiten, Zeitschaltuhren und Filter können besonders für jüngere Kinder durchaus eine kurzfristige Orientierung bieten. Auf die Dauer aber können und sollten wir unsere Kinder und Jugendlichen bestmöglich dabei begleiten, „medienstark" zu werden: Sie entwickeln eigene Ziele, suchen sich gezielt Informationen, wählen kritisch aus, überprüfen und verwerfen, gestalten eigene Präsentationen usw.

Hilfreiche Websites

Es gibt mittlerweile eine Fülle von Websites, Fortbildungen und anderen Angeboten, die Eltern, Lehrpersonen und Erziehern dabei helfen, Kinder und Jugendliche beim Erwerb dieser notwendigen Medienkompetenz zu unterstützen, etwa www.klicksafe.de – „Die Initiative für mehr Sicherheit im Netz". Klicksafe bietet Eltern Informationen über Chancen und Risiken in der sich so rasend schnell wandelnden Medienwelt. Sie finden ganz konkrete Hilfestellungen und Tipps zum Umgang mit Problemen und Gefahren. Außerdem wurden bereits einige Modellprojekte in Kooperation mit dem Deutschen Kinderschutzbund gestartet wie zum Beispiel „Wege durch den Mediendschungel – Kinder und Jugendliche sicher in der Medienwelt begleiten" (www.medien-dschungel.de). Es gibt Schulungen für Multiplikatoren, Handreichungen, ein „Train-the-trainer-Konzept" für Institutionen sowie Referentennetzwerke für Themenabende an Schulen, die von Lehrern und Eltern gemeinsam gestaltet werden. Eltern oder Multiplikatoren finden bei klicksafe die wichtigsten Broschüren und Ratgeber zu allen Medienschutz-Themen und vor allen Dingen Antworten auf häufig gestellte Elternfragen und Sachinformationen zur Mobiltechnik.

Weitere Adressen sind www.chatten-ohne-risiko.de, eine Website, die unter dem Motto „Chatten, aber sicher!" steht. Für die Kinder gibt es eine Kinderredaktion, die sagt: „Im Chat kann man Freunde haben und Freunde finden. Sogar Leute aus anderen Ländern. Es kann aber auch gefährlich sein, denn nicht alle Chats werden von Moderatoren überwacht. Finde tolle Chats zum Ausprobieren!"

Oder www.internet-abc.net und www.lilipuz.de – Der Chat-Podcast: „Welche Chat-Erfahrungen hast du schon gesammelt? Kennst du den Instant Messenger? Damit dich niemand belästigt oder ärgert, solltest du Chat-Regeln beachten. Am sichersten sind moderierte Chats."

Wie bei den PC-Spielen können Sie sich als Eltern von Ihrer Tochter ihre Chatpartner vorstellen lassen. Selbst wenn Sie es eigentlich ablehnen, so viel Zeit vor dem Monitor zu verbringen, sollten Sie die einmalige Chance nutzen, diese neuen Kommunikationsformen erklärt zu bekommen. So erhalten Sie einen zumindest groben Eindruck davon, was Ihr Kind an dieser stundenlangen virtuellen Unterhaltung, dem Austausch von Fotos und Musik so aufregend und spannend findet. Erst dann können Sie selber herausfinden, welche realen Gefahren schon für einen distanzierten Beobachter sichtbar werden. Aufmerksam sein, ohne aufdringlich zu wirken, mitlernen, sich informieren, Spaß teilen und Einblick gewinnen ist auch für Sie eine große Herausforderung. Sie können dann einerseits ein bisschen auf der Welle mitschwimmen und etwas von dem aufschnappen, was sich gerade in großer Geschwindigkeit

> Lassen Sie sich von Ihrer Tochter zeigen, mit wem sie chattet und was sie an dieser Form der Kommunikation so aufregend findet.

im Netz entwickelt, andererseits aber auch einen Anker in der Realität anbieten, den Ihre Kinder so dringend brauchen. Wenn Sie als Eltern über Basisinformationen verfügen, fällt es Ihnen auch leichter, Ihr Kind anzuregen, seine Daten nur sparsam und möglichst nicht mit dem eigenen Namen oder den eigenen Zugangsdaten weiterzugeben. Sie haben eine bessere Grundlage, um über das Für und Wider von freizügigen Selbstdarstellungen zu sprechen, und sind einfach besser im Thema!

Was für ein Familienleben wollen Sie führen?

Ein PC mit Internetanschluss kann auch sehr gut ausschließlich im Wohnzimmer stehen. Wenn die Kinder und Jugendlichen ihre Hausaufgaben oder Spiele im Kreis mehrerer Familienmitglieder ausführen (schließlich gibt es Kopfhörer), haben Sie mehr Kontrollmöglichkeiten, als wenn sich alles im Jugendzimmer abspielt. Gespräche können entstehen, man hört mal in ein Musikstück rein oder zieht einen Stuhl heran und schaut sich zusammen eine interessante Seite an. Das weltweite Netz kann als kreatives und kommunikatives Medium eingebunden werden – aber niemals darf die virtuelle Welt die aktive Kommunikation ersetzen: die Ausflüge, die Gesellschaftsspiele, das gemeinsame Kochen, Lachen, Weinen und Streiten mit den nahestehenden Menschen!

Wenn das Kind politisch aktiv wird

Pubertät ist auch die Suche nach Grundwerten wie Demokratie, Gerechtigkeit, Solidarität. Daher liegt es nahe, dass Jugendliche sich von Parteien oder politischen Organisationen angesprochen fühlen, besonders auch von denen, die radikal und offen Fragen stellen, die unsere Gesellschaft mit ihrer politischen Ordnung nur schwer beantworten kann. An diesem Punkt sind Sie als politischer Diskussionspartner gefragt! Machen Sie Ihre politische Meinung deutlich, zeigen Sie aber auch die Widersprüche auf: Eine der größten Herausforderungen für uns Menschen in einer globalisierten Welt ist es, mit Widersprüchen umgehen zu lernen, zwischen allen Fragen den persönlichen Standpunkt und Weg zu finden.

Die Grenzen politischer Betätigung werden schnell deutlich, wenn Ihr Sohn bei einer Demonstration erkennungsdienstlich behandelt wird, weil er sich beispielsweise in der Nähe einer autonomen Gruppe aufgehalten hat. Sprechen Sie darüber, was ein polizeiliches Führungszeugnis ist, welche Bedeutung es für die berufliche Karriere haben kann. Begleiten Sie Ihren Jugendlichen solidarisch und kritisch: Unterstützen Sie ihn dabei, die eigene politische Meinung zu finden! Dabei ist die Auseinandersetzung mit extremen Positionen unverzichtbar. Stellen Sie aber auch kritische Fragen nach den Interessen, die hinter jeder politischen Gruppierung stehen. Das Schlimmste, was passieren kann und leider immer wieder geschieht, ist, dass politische Themen in Streitereien enden und schließlich kein politisches Gespräch mehr stattfindet. Wenn nur die politischen Klingen gekreuzt werden, ohne das Bemühen, den anderen verstehen zu wollen, ist das für beide Seiten für kurze Zeit interessant, auf Dauer aber ermüdend und bringt keinen voran. Daher gilt: Interessiert sein und zuhören und so den Jugendlichen auf seiner Suche unterstützen – das ist es, was Sie tun können.

Glaubensfragen

Gibt es ein Leben nach dem Tod? Habe ich eine unsterbliche Seele? Gibt es Gott oder eine andere höhere Macht? Welche religiöse Richtung überzeugt mich? An wen kann ich mich wenden, wenn mir keiner mehr hilft? Junge Menschen denken über solche Fragen nach. Im Alltag sprechen wir nicht über das Sterben oder den Tod. Derlei Gesprächsthemen sind in unserer materialistischen und konsumorientierten Gesellschaft mit mehr Tabus behaftet

> Sterben und Tod sind in unserer Gesellschaft mit mehr Tabus behaftet als Sex. Mit wem können unsere Kinder über diese Themen sprechen?

als Sex. Manchmal brechen im alkoholisierten Zustand Zweifel am Sinn des Lebens und Ängste vor dem Tod aus einem jungen Mann oder einer jungen Frau hervor. Mit wem können sie darüber reden?

Die entwicklungspsychologische Forschung hat bisher die religiöse Entwicklung im Jugendalter kaum beachtet, obwohl gerade dann eine tief greifende Orientierung des eigenen Glaubens und der damit verbundenen Werte stattfindet. Das zukünftige geistige und materielle Leben der Betroffenen wird dadurch entscheidend beeinflusst. Jugendliche sind auf der Suche nach einer spirituellen Identität. Das war schon immer so, jedoch ist dieser lebenswichtige Vorgang im Dschungel der vielfältigen, auch spirituellen, Angebote für viele junge Menschen nicht einfach und manchmal gar nicht mehr zu bewältigen. Heutzutage wird alles bis ins Kleinste relativiert und differenziert (zum Beispiel Ausbildungs- und Studiengänge), so auch die unterschiedlichsten Glaubensrichtungen, die unendlich viele und widersprüchliche Antworten für die großen komplexen Menschheitsfragen anbieten. Destruktive Kulte und Sekten nutzen diesen Wunsch nach Überschaubarkeit und Sicherheit und offerieren ein einfaches Weltbild, das zu einem sinnerfüllten

> **Destruktive Kulte und Sekten haben mit ihrem einfachen Weltbild ein leichtes Spiel bei einsamen Jugendlichen.**

Platz innerhalb einer Gemeinschaft verhelfen soll. Sie werben besonders erfolgreich die Jugendlichen an, die sich verwirrt und einsam fühlen.

Jugendreligionen und Sekten

Satanistischer Höhepunkt der letzten Monate war das „Diabolus Cantus"-Festival Anfang Dezember in Karlsruhe. 800 Fans kamen, Grufti-Bands spielten bis tief in die Nacht, im Foyer bot sich den Besuchern – neben vielfältig angebotenem Satansschmuck – eine günstige Gelegenheit, sich mit neuen CDs einzudecken. Bei solchen Festivals versuchen organisierte Gruppen, Nachwuchs zu ködern. Der Ex-Satanist Thomas, 24, hat jahrelang im Ruhrgebiet und im Sauerland Jugendliche für seinen schwarzmagischen Orden geworben … Heute ist er in therapeutischer Behandlung und versucht, potentielle Kandidaten der schwarzen Szene zu warnen, etwa durch TV-Auftritte … „Man versucht, die jugendlichen Einsteiger komplett aus ihrem Umfeld herauszuziehen", sagt der Aussteiger, „alles soll zerstört werden." (Spiegel 18/1996)

Medienberichte über fragwürdige oder gefährliche Sekten, die Jugendliche durch Psychotechniken („Gehirnwäsche") zum Abbruch von Ausbildung und Beruf, von sozialen Beziehungen und bisherigen Lebensweisen auffordern, alarmieren die Öffentlichkeit. Manche Eltern und Erzieher fragen sich, ob nicht auch der private Kindergarten oder das Nachhilfeinstitut ihres Kindes Ableger einer Sekte wie Scientology ist und wie sie sich dagegen schützen können. Schließlich gibt es keine offiziellen Verbote und solche Vereine bieten in Zeitungen ganz offiziell ihre Dienste an. Ist diese Jugendorganisation in unserem Stadtviertel, die so interessante Veranstaltungen, Reisen oder Vorträge anbietet, eine dieser Sekten? Welche Gefahr besteht für meinen Jugendlichen? Wie kann ich mich verhalten, wenn mein Kind sich einer solchen Gruppe anschließen will? Und woran erkennt man diese Sekten eigentlich?

Öffentliche Aufmerksamkeit erregten die sogenannten Jugendreligionen zuerst in den 1970er-Jahren. Zunächst wurden diese Gruppen, die sich den Anschein harmloser Gemeinschaften von Gläubigen gaben, dem Bereich der christlichen Kirchen zugeordnet und unter dem Begriff „Jugendreligionen“ oder „Neue religiöse Bewegungen“ zusammengefasst. Vor allem junge Leute fühlten und fühlen sich davon angesprochen. Im Laufe der Zeit wurde jedoch immer deutlicher, dass die Sekten in ihrem inneren Kern totalitäre Strukturen aufweisen, die mit den demokratischen Grundsätzen einer westeuropäischen Gesellschaft unvereinbar sind.

> In ihrem inneren Kern weisen diese Sekten totalitäre Strukturen auf, die mit demokratischen Grundsätzen nicht vereinbar sind.

Warum aber sind diese Sekten so erfolgreich bei den Jugendlichen? Die Jugendforschung macht deutlich, dass die traditionellen christlichen Religionen (übrigens anders als der Islam und der Buddhismus in ihren Kulturkreisen), für die meisten Jugendlichen eine eher geringe Orientierungsrolle spielen. Stattdessen sind die Lebensentwürfe der Jugendlichen ausgesprochen materiell ausgerichtet. Die Schattenseite dieser eindimensionalen Sichtweise auf das Leben sind Zukunftsangst, Gefühle der Bedrohung durch ökologische Katastrophen, Anonymität in den Städten, Schulen und Ausbildungsstätten. Einsamkeit, Beziehungsprobleme und hohe Leistungsanforderungen verstärken den seelischen Druck auf die jungen Menschen.

> In Krisen sind junge Menschen besonders empfänglich für eingängige Heilsbotschaften.

An wen können sie sich in solchen Situationen wenden? Viele (traumatische) Erfahrungen können junge Menschen nicht alleine verarbeiten. Doch die Angebote der Amtskirchen erreichen diese Jugendlichen nicht. Ihre Sehnsucht nach Liebe und Geborgenheit, nach Anerkennung, ihr direktes Bedürfnis, gebraucht zu werden, findet nirgendwo einen Anker bzw. einen vertrauenswürdigen Ansprechpartner.

Besonders in unerwarteten Krisensituationen wie Krankheit, Tod oder Trennung der Eltern, aber auch aus Neugier können junge Menschen für eingängige Heilsbotschaften, die mit modernen Werbemethoden ansprechend verpackt sind, besonders empfänglich sein. Durch die persönliche Nähe in einer engen Lebensgemeinschaft erfahren diese Jugendlichen oft zum ersten Mal in ihrem Leben Glückserlebnisse, die ganz gezielt eingesetzt werden, um sie emotional an die Sekte zu binden.

WORAN ERKENNT MAN JUGENDRELIGIONEN?

Als Jugendreligionen gelten Hare Krishna, TM (Transzendentale Meditation), die Sannyas-Bewegung von Bhagwan/Osho, die Vereinigungskirche („Mun-Sekte"), die Kinder Gottes („Die Familie") und Scientology. Diese und andere Gruppen bieten im Gegensatz zu den etablierten Kirchen einen radikal anderen, „idealen" Gegenentwurf hinsichtlich Lebensweise und Lebensorientierung an. Man erkennt sie an einer in sich geschlossenen Erlösungsbotschaft für den Einzelnen und die ganze Welt. Einem heiligen Meister (Guru) oder einer anderen Führungsperson, die „göttlich" oder „prophetisch" ist und absolute Autorität hat, gebührt strikter Gehorsam. Eine treue Anhängerschaft lebt nach seinen oder ihren nicht zu kritisierenden Regeln, das Individuum ordnet sich einem engen Kontrollsystem unter. Die „Lehre", die meist wissenschaftsfeindlich oder pseudowissenschaftlich daherkommt, wird durch moderne Schulungsmethoden vermittelt und total übernommen.

lieber städtische Angebote
offene, Kirchl.

Junge Menschen sind noch sehr formbar. Wenn sie dürfen, also keinem Verhaltenskodex unterworfen sind (durch Erziehung oder religiöse Zugehörigkeit zu einer Gemeinde), dann experimentieren sie auch mit Glaubensvorstellungen. So können sie eine Zeit lang radikale gesellschaftskritische oder ausgesuchte esoterische Weltanschauungen verkünden, um dann von einem Tag auf den anderen genau die gegenteiligen Ansichten zu vertreten. Ein Jugendlicher kann also durchaus nach einem nur kurzen Kontakt mit einem „destruktiven Kult" plötzlich Ideen gut finden, die in krassem Gegensatz zu seinen bisherigen Überzeugungen stehen. Vertieft sich sein Kontakt zu einer solchen aktiv agierenden Gruppe durch Neugier, Naivität oder Einsamkeit, kann dies langfristig gravierende psychische und soziale Veränderungen nach sich ziehen. Der Eintritt in eine Sekte oder ähnliche Gruppe verändert das Leben der Jugendlichen in allen Bereichen:

- Sie lösen die emotionale Bindung an Familie und Freundeskreis und brechen alle Kontakte nach außen ab.
- Sie brechen ihre Ausbildung oder ihr Studium ab.
- Sie geben ihren Besitz an die Sekte ab, nehmen Kredite auf und wenden womöglich (Familien-)Vermögen für die Sekte auf.
- Sie bauen eine enge und ausschließliche Bindung an die Gruppe bzw. deren Leiter auf.

- Sie befolgen die „Botschaft“, das Lebenskonzept der Gruppe minutiös.
- Austrittswünsche werden nicht respektiert bzw. sanktioniert.

Vielleicht erleben Sie Ihren Jugendlichen plötzlich wie einen fremden Menschen, wenn er in die Abhängigkeit von einer Sekte geraten ist. Er blockt jede Diskussion ab, alle seine Aktivitäten und Gedanken kreisen nur noch um die geliebte Gruppe und den Meister. Sie erleben vielleicht, dass Ihr Kind seinen Ausbildungsplatz verliert, die Schule schmeißt und zu Hause auszieht, um sich mit Haut und Haaren den neuen Freunden anzuschließen. Sie reagieren wahrscheinlich wütend und verzweifelt. Dennoch, es besteht immer Hoffnung: Nach einigen Monaten verabschiedet sich etwa die Hälfte der neuen Mitglieder wieder von der totalitären Gruppe. Und selbst noch nach Jahren gibt es Aussteiger, die sich wieder erfolgreich in die Gesellschaft integrieren.

Was tun, wenn Ihr Kind Opfer einer Sekte geworden ist?

- Geben Sie Ihr Kind nie auf! Sie stehen nicht allein mit diesem Problem. Junge Menschen aus allen gesellschaftlichen Schichten sind betroffen.

- Halten Sie den Kontakt aufrecht, solange es geht. Telefonieren, mailen Sie ab und zu, schreiben Sie kleine Alltagsbotschaften, schicken Sie vielleicht sogar kleine Geschenke. Die Lebenserfahrungen vor dem Sekteneintritt sind nicht einfach gelöscht, sie sind im (Unter-) Bewusstsein gespeichert. Erinnerungen können in Krisenzeiten Gestalt annehmen und die Motivation für eine Veränderung bilden.
- Nehmen Sie Kontakt mit einer Elterninitiative oder Selbsthilfegruppe auf oder gründen Sie eine.
- Führen Sie ein Tagebuch: Notieren Sie darin Vorkommnisse in zeitlicher Reihenfolge, Namen und Kontaktdaten von Personen, die mit der Sekte in Zusammenhang stehen. Schreiben Sie auch Ihre Gefühle auf.
- Sammeln und dokumentieren Sie alle Informationen über die Gruppe, die Sie im Internet oder anderen Quellen finden. Recherchieren Sie Selbstdarstellungen, Einschätzungen der Sektenbeauftragten und lesen Sie die Geschichten der Aussteiger. Auch Jugendämter, Erziehungsberatungsstellen usw. können weiterhelfen.
- Wenn Ihr Jugendlicher mit Ihnen in Kontakt tritt, treten Sie klar und zugewandt auf. Machen Sie ihm oder ihr keine Vorwürfe, sprechen Sie keine Drohungen oder düstere Prophezeiungen aus. Drücken Sie durchaus auch Ihre Sorge aus – aber zeigen Sie sich jederzeit gesprächsbereit.

- Treten Sie nicht mit der Gruppe in Kontakt, reagieren Sie nicht auf Einladungen zu Veranstaltungen oder Wochenendseminaren.
- Machen Sie Ihrem Jugendlichen keine Geldgeschenke. Das Geld würde nur in die Gruppe fließen.
- Machen Sie sich keine Schuldgefühle! Lassen Sie nicht zu, dass Ihr Leben von dem Sekteneintritt Ihres Kindes beherrscht wird. Suchen Sie nach persönlichen Kraftquellen und leben Sie Ihr eigenes Leben positiv.

Vorbeugen ist besser als heilen

Doch die beste Medizin ist immer noch die Vorbeugung. Unternehmen Sie vieles, um die Persönlichkeit und die Bildung Ihres Kindes zu stärken: Sprechen Sie mit Ihrem Sohn und Ihrer Tochter über Weltbilder, Religionen, Werte und Normen. Machen Sie ihm und ihr die Vielfalt der menschlichen Kulturen deutlich. Erzählen Sie von Ihrer eigenen Suche, sprechen Sie von Begegnungen mit Menschen und Tieren, die Ihnen in Krisenzeiten geholfen haben. Wenn Sie religiös oder gläubig sind, erzählen Sie vom Meditieren oder Beten als einer täglichen Praxis, die helfen kann, dieses Leben gut zu bewältigen – in schönen und in schweren Zeiten! Besuchen Sie zusammen unterschied-

> **Beugen Sie vor. Stärken Sie die Persönlichkeit Ihres Kindes und lehren Sie es, selbstbestimmt zu leben.**

liche Gotteshäuser, unterhalten Sie sich mit Andersgläubigen – etwa auf Reisen – und sprechen Sie darüber. Ermutigen Sie Ihren Sohn und Ihre Tochter, auch schwierige Gefühle auszudrücken, aber auch den Verstand zu gebrauchen: Was und wer tut mir gut? Respektieren die Menschen, die mich umgeben, wenn ich Nein zu ihren Vorschlägen und Weltbildern sage? Wie kann ich für andere Menschen oder Gruppen hilfreich sein, ohne meine eigenen Bedürfnisse zu vernachlässigen? Wenn Ihre Tochter oder Ihr Sohn Erfolge hat, stellen Sie ihr oder ihm immer wieder einmal die Frage: „Wie hast du das geschafft?“ In der Antwort spürt Ihr Kind, dass Erfolge durch eigenes Tun entstehen. Dann kann es stolz sein auf das Erreichte.

Wenn Ihr Kind gelernt hat, selbstbestimmt zu leben und die Verantwortung für sein Leben zu übernehmen, wird es Versuchen widerstehen können, es zu vereinnahmen und ihm sein Selbstbestimmungsrecht zu nehmen.

BO = Vorbeugung

ERFOLGREICH KONTAKT HALTEN

„Du und ich: wir sind eins. Ich kann dir nicht wehtun, ohne mich zu verletzen.“ *Mahatma Gandhi*

Das Wichtigste für beide Seiten, Eltern wie „Pubertisten“ (so bezeichnet Schümann die Heranwachsenden mit einem Augenzwinkern), ist es, grundsätzlich im Kontakt zu bleiben. Das ist leichter gesagt als getan, da unsere hochkochenden Emotionen jederzeit drohen uns einen Strich durch die Rechnung zu machen. Aber es gibt ein paar schöne Tricks und Kniffe, die uns helfen, unsere guten Vorsätze doch umzusetzen und den dafür notwendigen Kontakt immer wieder herzustellen, auch wenn er in der schweren See einmal abgerissen sein sollte.

Schließen Sie einen Vertrag ab

Beginnen wir ganz am Anfang, in der Phase der Vorahnung: Bereits hier kann man einen roten Faden weben, der durch das Labyrinth der Pubertät leitet. Vielleicht lässt sich jemand in der Familie, zum Beispiel der Onkel oder die Oma, dazu motivieren, mit dem 11-jährigen Kind einen lukrativen Vertrag abzuschließen. Der könnte etwa so lauten:

„Wenn du bis zum 18. Geburtstag nicht mit dem Rauchen beginnst, erhältst du von mir 1.000 Euro für deinen Führerschein. Mein Gewinn dabei ist, dass ich dir und deiner Gesundheit etwas Gutes tue, und ich mache dir ein wertvolles Geschenk, über das ich mich freue. Dein Gewinn ist, dass du leichter die Herausforderungen der Pubertät bestehst, die dir möglicherweise schaden können, dass du etwas für deine Gesundheit tust und dass du einen großen Teil der Kosten für den Führerschein bekommst." Oft sind die Kinder gerne dann dazu bereit, einen solchen Vertrag abzuschließen, wenn Rauchen noch überhaupt kein Thema für sie ist.

> „Wenn du bis zum 18. Geburtstag nicht mit dem Rauchen anfängst, gebe ich dir 1.000 Euro für den Führerschein."

Ein solcher Vertrag sollte in einer Urkunde von beiden Vertragspartnern vor Zeugen unterschrieben werden. Jeder erhält ein Exemplar. Ein solches Ritual hat schon oft – auch bei ganzen Schulklassen – funktioniert und ist dem Jugendlichen eine große Hilfe, um dem Gruppendruck zu widerstehen, wenn das Rauchen zum Thema wird. Darüber hinaus ist es immer wieder einmal

Anknüpfungspunkt für ein Gespräch zum Thema Drogen und die Eltern werden in ihrer Verantwortung entlastet. Für den jungen Menschen ist es ein schönes und deutliches Zeichen, dass sich auch andere für seine gute Entwicklung interessieren und dafür bereit sind, etwas zu investieren. Natürlich stellt sich an dieser Stelle auch die Vorbildfrage: Was lebe ich vor? Ist das nicht auch für mich als Mutter oder Vater eine gute Möglichkeit, mit dem Rauchen aufzuhören? Wie gehe ich mit Alkohol um? Was verstehe ich unter gesunder Ernährung und wo gibt es Ausnahmen? Wie weit kann ich für mich die Widersprüche zwischen meiner Einstellung, Überzeugung und meinem tatsächlichen Verhalten akzeptieren? Diese Fragen für sich selbst zu klären ist immer der erste Schritt. Sprechen Sie mit Ihrem Partner, mit guten Freunden oder mit den Eltern der besten Freunde Ihrer Kinder darüber.

Seien Sie fantasievoll und machen Sie ruhig früh mit ihrem Kind zum Thema, welche Herausforderungen möglicherweise in der Pubertät auf ihn oder sie zukommen, aber auch, welche Herausforderungen auf Sie als Eltern zukommen. Vielleicht hat das Kind selbst einen großen Wunsch und entwickelt einen eigenen Vorschlag für einen solchen Vertrag. Im Grunde geht ja keiner ein Risiko ein und alle Beteiligten können nur gewinnen.

Und wenn der Vertrag nicht eingehalten wird? Bleiben Sie entspannt, warten Sie ab, vielleicht ist es nur eine kurze

Phase, in der das Rauchen ausprobiert wird. Manchmal gibt es am Ende nur die halbe Prämie – dann kann immer noch nachverhandelt werden. Auch in der Schule kann man sich Unterstützung holen. Viele 6. Klassen beteiligen sich an dem bundesweiten Wettbewerb der Bundeszentrale für gesundheitliche Aufklärung „Be smart – don‘t start“. Vielleicht können Sie dies als Anregung an die Elternvertreter weitergeben.

Die Kunst, ein gutes Gespräch zu führen

Während aller Phasen der Pubertät geht es immer wieder um das eine: ein gutes Gespräch miteinander zu führen – was gar nicht einfach ist – für alle Beteiligten. Von Jugendlichen hören wir häufig Sätze wie: „Mit der kann man nicht reden!“ Oder: „Der labert mich immer nur voll!“ Unabhängig davon, wer gemeint ist – vielleicht die Klassenlehrerin, möglicherweise der Vater –, eins steht dabei fest: Mit diesen Personen kommt offenbar kein guter Kontakt und kein gutes Gespräch zustande. Da genau das aber in der Pubertät so ungeheuer wichtig ist, lassen Sie uns einen kleinen Exkurs machen über die Kunst, ein gutes Gespräch zu führen!

Hören Sie zu

Das A und O eines guten Gesprächs ist das Zuhören. So wie es über Momo in Michael Endes grandioser Geschichte über die Zeitdiebe an einer Stelle heißt: *„Momo konnte so zuhören, dass dummen Leuten plötzlich sehr gescheite Gedanken kamen. Nicht etwa, weil sie etwas sagte oder fragte, was den anderen auf solche Gedanken brachte, nein, sie saß nur da und hörte einfach zu, mit aller Aufmerksamkeit und aller Anteilnahme. Dabei schaute sie den anderen mit ihren großen, dunklen Augen an, und der Betreffende fühlte, wie in ihm auf einmal Gedanken auftauchten, von denen er nie geahnt hatte, dass sie in ihm steckten ... So konnte Momo zuhören!"*

Richtig zuhören heißt, das verstehen zu wollen, was der andere gemeint hat.

Richtig zuhören bedeutet, das verstehen zu wollen, was der andere gemeint hat. Es bedeutet nicht, gleich seine eigene Meinung dazu zu äußern oder das zu interpretieren, was der andere gesagt hat. Wenn ich richtig zuhöre, dann stelle ich zunächst meine eigenen Ideen zurück und bleibe innerlich ganz bei dem, was mein Gesprächspartner sagen möchte. Durch Nachfragen kann ich mich vergewissern, ob ich ihn richtig verstanden habe. „Habe ich dich richtig verstanden, dass du ...?" Das klingt einfacher, als es ist. Beobachten Sie einmal Gespräche. Sie werden feststellen, dass es den Gesprächsteilnehmern oft darum geht, möglichst schnell von sich selbst oder den eigenen Erfahrungen oder Einstellungen erzählen zu können. Vergewissern Sie sich vorher, ob es den Jugendlichen interessiert, was Sie dazu meinen. Fragen Sie ihn einfach: „Möchtest du meine Meinung, meine Erfahrungen dazu hören?"

Vielleicht verläuft das Gespräch auch andersherum, beispielsweise so: „Ich möchte dir von meinen Sorgen und Ängsten erzählen und deine Meinung dazu hören." Dann können Sie zunächst von sich erzählen und bitten dann um die Einschätzung Ihres Gesprächspartners. Wenn Sie wissen, dass der junge Mensch seine eigene Wirklichkeit für sich selbst erschafft, dann können Sie die entsprechende Neugier entwickeln, von dieser unbekannten Welt zu erfahren. Mit dieser Grundhaltung haben Sie eine gute Voraussetzung dafür geschaffen, dass der Pubertierende sich interessiert auch mit Ihnen unterhält.

schon im Kindesalter

Machen Sie Komplimente

Die Grundlage für ein gutes Gespräch ist nichts anderes als Vertrauen. Und Vertrauen lässt sich aufbauen. Teilen Sie Ihrem Heranwachsenden mit, was Sie an ihm positiv wahrnehmen. „Du siehst richtig gut aus mit deiner neuen Frisur!" „Deine neue Jacke gefällt mir sehr, sie steht dir!" Üben Sie sich im Komplimentemachen – wir alle hören einfach gern Komplimente, doch scheinen sie ein wenig

posit. Rückmeldg.

aus der Mode gekommen zu sein. Allerdings müssen sie echt sein. Alles andere wird sofort erkannt und geht nach hinten los: „Du willst dich wohl einschleimen, oder was?“ Eine anders verpackte Form des Kompliments ist es, wenn Sie Ihren Respekt äußern: „So wie du gestern in der Diskussion mit deiner Sportgruppe deine Meinung vertreten hast – dafür hast du meinen Respekt! Das war stark!“ Respekt haben heißt, den anderen in dem, was er gut kann oder geschafft hat, zu akzeptieren und wertzuschätzen, aber auch seine Haltung, seine Persönlichkeit so anzunehmen, wie sie ist. Unter Jugendlichen ist es verbreitet, denjenigen, der anders denkt, aussieht oder sich anders verhält, zu verurteilen, auszugrenzen, was manchmal bis zum Mobbing reicht (unter gleichaltrigen Jugendlichen auch Bullying genannt). Dem eine akzeptierende und respektierende Haltung entgegenzustellen, kann auch für den suchenden Pubertierenden äußerst hilfreich sein. Sie bieten dem Jugendlichen damit ein Gegenmodell an, das andere Menschen differenziert annimmt und Verschiedenheit nicht ablehnt, sondern als interessante Bereicherung annimmt.

Teilen Sie Ihrem Heranwachsenden all das mit, was Sie positiv an ihm wahrnehmen.

Nehmen Sie sich vor, in der kommenden Woche jeden Tag ein Kompliment zu verteilen und beobachten Sie, was sich verändert – bei Ihnen selbst und bei anderen!

Auch Small Talk ist wichtig

Small Talk ist der Türöffner für private und berufliche Kontakte, er schafft Vertrauen und ist die Grundlage für eine persönliche oder berufliche Beziehung. Pflegen Sie Small Talk mit Ihrem Jugendlichen. „Worauf freust du dich denn heute?“ „Wie kommst du denn voran mit ...?“ „Du bist heute so gut gelaunt!“ Small Talk ist bei uns oft verpönt, dabei ist er ein gutes Mittel, unsere persönlichen Beziehungen zu pflegen. Wenn wir darauf verzichten, werden wir bald mit dem Satz konfrontiert: „Was guckst du so?“ Auch für den jungen Menschen ist es unter diesem Aspekt hilfreich, wenn er Small Talk gelernt hat. Sie können Small Talk mit einer einfachen und freundlichen offenen Frage beginnen oder auch mit einer Bemerkung. Beziehen Sie sich auf Ihre Wahrnehmung: Was fällt Ihnen an der anderen Person auf? Was für ein Gefühl haben Sie zum anderen? Zum Beispiel: „Ich habe den Eindruck, du bist heute sehr nachdenklich.“ Sie können Small Talk mit anderen Erwachsenen als Eisbrecher genauso wie mit Ihrem Pubertierenden üben. Durch Small Talk lassen wir Beziehungen und Vertrauen entstehen und die Themen können so weit vertieft werden, wie beide Gesprächspartner es jeweils wünschen.

Einladung zum Gespräch

Ein intensiveres Gespräch braucht jedoch auch einen guten Rahmen. Wenn beide Gesprächspartner bereits mit hochroten Köpfen voreinander stehen, sollte der Kontakt zunächst beendet werden, damit jeder sich beruhigen kann. „Ich bin jetzt viel zu wütend, als dass ich in Ruhe mit dir sprechen könnte." Aber man sollte eine Verabredung treffen, wann man in Ruhe miteinander sprechen kann. Laden Sie Ihren Jugendlichen ein: „Ich möchte gern einmal mit dir in Ruhe darüber sprechen. Wann hast du Zeit dafür?" Vielleicht kombinieren Sie das Ganze mit einer Einladung zum Essen – nur zu zweit, Vater und Sohn oder Mutter und Tochter ...

Immer wieder einmal haben Sie vielleicht auch das Gefühl, dass Ihren Sohn oder Ihre Tochter etwas beschäftigt oder bedrückt. Formulieren Sie Ihr Gefühl und bieten Sie ein Gespräch an. Es kann sein, dass der Jugendliche nicht darauf gekommen ist, dass ein ruhiges Gespräch mit Papa oder Mama auch helfen kann. Und wenn die Pubertierende ein Gespräch führen möchte, dann achten Sie darauf, dass auch genug Zeit für alle Beteiligten zur Verfügung steht. Es ist besser, das Gespräch zu verschieben, als unter Zeitdruck zu stehen und es nicht zu Ende führen zu können.

Auch eine gute Vorbereitung kann helfen. Machen Sie sich klar, welches Ziel Sie mit dem Gespräch verfolgen:

Möchten Sie, dass Ihre Tochter sich zukünftig anders verhält? Machen Sie sich Sorgen um den Einfluss der Freunde Ihres Sohnes, den Sie für problematisch halten, und wollen Sie das Ihrem Sohn mitteilen? Es kann auch sein, dass Sie Ihrem Kind eine Aufgabe stellen: „So kann es mit unserem Zusammenleben für mich nicht weitergehen! Ich möchte mit dir darüber sprechen, welche Möglichkeiten es gibt, und bitte dich, darüber bis zu unserem Gespräch schon einmal nachzudenken.“

Machen Sie sich vor dem Gespräch klar, welches Ziel Sie damit verfolgen:
Soll sich Ihr Kind anders verhalten, wollen Sie ihm eine Aufgabe stellen, machen Sie sich Sorgen?

Zum guten Rahmen für das Gespräch gehört auch der Raum: Können alle Beteiligten gut sitzen? Ist der Raum schön und aufgeräumt? Gibt es etwas zu trinken, zu knabbern? Welcher Raum eignet sich am besten? Und es ist auch zu klären, wer der Gastgeber ist: In der Regel ist es derjenige, der das Gespräch führen möchte. Wenn es Ihr Pubertist ist, so lassen Sie sich doch ruhig einmal einladen und übernehmen Sie die Rolle des Gastes: Bedanken Sie sich für die Einladung und sorgen Sie durch Fragen dafür, dass der Rahmen so gestaltet wird, wie Sie es für angemessen halten.

Sprechen Sie in Ich-Botschaften

Wenn das Gespräch dann stattfindet, in einem für alle klaren Rahmen und in einer geeigneten Umgebung, dann kann es helfen, sich zu Beginn über die jeweiligen Anliegen zu verständigen. Machen Sie sich vorher klar, was Sie erreichen möchten, und überlegen Sie, ob dieses Ziel für den anderen überhaupt akzeptabel ist. Wenn Sie beispielsweise mit Ihrer 16-jährigen Tochter ein Gespräch mit dem Ziel führen wollen, dass sie nicht mehr über Nacht wegbleibt, so stehen Sie vermutlich auf verlorenem Posten. Aber mit einer Ich-Botschaft kommen Sie möglicherweise in ein gutes Gespräch: „Immer wenn du über Nacht weg bist, mache ich mir so viele Sorgen, dass ich nicht schlafen kann. Das ist für mich ein großes Problem, ich weiß nicht mehr, was ich tun kann." Nun hat Ihre Tochter die Möglichkeit, Verständnis für Sie zu entwickeln. Vielleicht erzählt sie von sich und ihren Freunden, vielleicht hat sie eine Lösungsidee und schickt Ihnen in Zukunft eine SMS, um Ihnen mitzuteilen, wo sie ist. Ich-Botschaften machen vieles möglich.

In einer Ich-Botschaft sprechen Sie immer in der Ichform und formulieren Ihr Gefühl in einer bestimmten Situation, verbunden mit einem Wunsch für sich. Bleiben Sie bei sich und Ihren ganz persönlichen Gefühlen in ganz konkreten Situationen! Damit kann sich der Gesprächspartner dann auseinandersetzen und Stellung nehmen oder auch eigene Gefühle und Gedanken formulieren.

Das Gegenstück der Ich-Botschaft ist die Du-Botschaft: „Du hast gestern wieder nicht den Müll rausgebracht!" Stellen Sie sich vor, Sie werden mit diesem Satz konfrontiert – es ist klar, dass Sie sofort in der Defensive sind. Du-Botschaften sind gut geeignet, einen gepflegten Streit zu provozieren. In der Regel beginnt jeder Streit mit einer Du-Botschaft. Daher: Für ein konstruktives Gespräch ist die Ich-Botschaft viel besser. Und wenn Sie schon dabei sind: Das unpersönliche Wort „man" können Sie getrost aus Ihrem Wortschatz streichen – es dient nur dazu, sich selbst zu verstecken und die Verantwortung für das eigene Denken und Handeln zu verschleiern bzw. abzugeben.

> Mit Du-Botschaften provoziert man leicht einen Streit. Für konstruktive Gespräche sind Ich-Botschaften viel besser.

Wie Sie mit guten Fragen die Beziehung gestalten

Mit einer guten Frage können Sie das Gespräch eröffnen. Vergleichen Sie einmal die Wirkung der beiden folgenden Fragen: „Warum musst du bloß immer bis in den frühen Morgen auf Party gehen?" – „Ich denke oft darüber nach, was euch junge Leute an den langen Partynächten so reizt. Magst du mir darüber einmal erzählen?"

Eine Frage kann eine Provokation, ein gezielter Angriff sein, bei dem der Befragte sofort in Deckung geht; das trifft auf die erste Frage zu. Gleichzeitig ist darin auch noch eine Du-Botschaft versteckt. Ich kann mit einer Frage aber auch mein echtes Interesse bekunden oder zum Gedankenaustausch einladen. Damit habe ich das Gesprächsfeld eröffnet und es ist offen, was nun geschehen wird. Zu diesem Typ gehört die zweite Frage.

Grundsätzlich lassen sich zunächst einmal geschlossene und offene Fragen unterscheiden: Geschlossene Fragen lassen sich mit „Ja" oder „Nein" beantworten, offene Fragen lassen dem Befragten Raum, das heißt, er muss erst eine Antwort „konstruieren". Und dann gibt es noch rhetorische Fragen, auf die der Fragende im Grunde keine Antwort erwartet oder diese bereits kennt. „Wie geht's?" ist so eine Frage: Ich frage mich sofort, ob der Fragende wirklich etwas von mir wissen will oder nicht. Habe ich mehr als eine Minute Zeit für eine Antwort? Hat der Fragende wirklich Interesse an einer ausführlichen Antwort, echtes Interesse an mir? Wenn ich das spüren kann und dazu noch Vertrauen habe, dann kann ich mich öffnen und ein echtes Gespräch kann begin-

Stellen Sie offene Fragen zu Themen, die Sie interessieren.

nen. Wenn ich aber weiß, dass ich für eine Antwort nur 10 Sekunden Zeit habe, dann kann ich kaum eine inhaltsvollere Antwort darauf geben als „Gut!“, „Geht so.“ oder „Schlecht!“ Wobei die letzte Antwort kaum gegeben werden kann, da sie eine weitere Erklärung nötig macht. Wundern Sie sich also nicht, wenn Sie immer nur ein Ja oder Nein als Antwort hören. Üben Sie stattdessen, offene Fragen zu stellen zu Themen, die Sie wirklich interessieren.

Stolpersteine

Immer wieder stolpern wir in der Kommunikation – durchaus nicht nur mit unseren pubertierenden Jugendlichen – darüber, dass wir Wahrnehmung, Interpretation und Bewertung miteinander vermischen. Schauen wir uns den Vorgang einmal quasi in Zeitlupe an: Wenn jemand etwas tut, etwas sagt oder sich bewegt, so nehmen wir das zunächst mit unseren Sinnesorganen Augen, Ohren, Nase und Haut wahr. Normalerweise geschieht es nun blitzschnell, dass wir diese Wahrnehmung mit unseren Erfahrungen vergleichen und einsortieren, das heißt interpretieren, und schließlich mit unseren persönlichen Maßstäben bewerten. Wenn wir, wie beispielsweise der amerikanische Psychotherapeut und Bestsellerautor Paul Watzlawick, davon ausgehen, dass jeder seine Wirklichkeit selbst schafft, dann erkennen wir sofort die Falle, die in der schnellen Vermischung dieser drei Vorgänge liegt: Sobald wir versäumt haben nachzufragen, wie jemand etwas gemeint hat, liegt die Gefahr nahe, dass wir ihn völlig falsch verstehen und daraufhin eine ganz und gar unangemessene Reaktion zeigen.

Probieren Sie es doch einfach aus: Wenn Sie sich das nächste Mal mit jemandem unterhalten, achten Sie genau darauf, was er oder sie sagt, formulieren Sie es mit Ihren Worten und vergewissern Sie sich durch eine kurze Nachfrage, ob Sie damit richtigliegen. Dieses Vorgehen ist eine Technik der professionellen Gesprächsführung, die man aktives Zuhören nennt. Zwei Beispiele hierfür: „Du meinst, der Fabian setzt sich in der Clique mit seinen Wünschen immer durch?“ „Da hast du dich dann ausgenutzt gefühlt?“

Klären Sie Ihre eigene Rolle

Und damit sind wir am entscheidenden Punkt: der inneren Haltung. Das dahinterliegende Dilemma ist für Eltern Folgendes: Sie sind zunächst „nur“ jeweils eine einzelne Person mit ihrer ganzen Vielfalt an Talenten, Einstellungen usw. Als Paar wird es schon komplizierter: Es gibt Einzelmeinungen und auch Meinungen, die als Paar vertreten werden, spätestens dann, wenn sie als Paar in der Öffentlichkeit auftreten. Paare geraten nun mit der Geburt ihres ersten Kindes in eine neue Rolle: Sie sind jetzt Eltern und fühlen sich natürlich verpflichtet, ihr Kind auch zu erziehen – nach ihren eigenen Werten, den gemeinsamen Werten als Paar und den gesellschaftlichen Werten. Und jetzt stellen sich in der Auseinandersetzung mit dem Kind dauernd Fragen wie: Formuliere ich meine persönliche Meinung? Oder die Richtlinie, die wir als Eltern gemeinsam vertreten? Oder vertrete ich gerade eine gesellschaftliche Norm? Und: Setze ich sie durch – und wenn ja, wie?

> Als Mutter oder Vater vertreten wir unsere persönlichen Werte, gemeinsame Werte als Paar oder gesellschaftliche Werte.

Normalerweise verhalten wir uns intuitiv und spontan nach Mustern, die wir von unseren eigenen Eltern kennen, frei nach dem Motto: Das hat mir ja auch nicht geschadet! Und bei Alleinerziehenden wird es in der Regel auch nicht einfacher, oft lauert das schlechte Gewissen im Hintergrund: Bin ich allein genug für das, was das Kind braucht?

In der Pubertät wird Ihnen dann die Rechnung präsentiert, wenn Sie Sätze hören wie: „Mit dir kann man ja nicht reden!“ Oder wenn sich der Sohn oder die Tochter jeglichem Gespräch entzieht. Dem können Sie vorbeugen, indem Sie Ihre eigene innere Haltung prüfen: Sind Sie neugierig auf die Potenziale, die in Ihrem Kind schlummern und die im Laufe der Jahre auftauchen und sich entwickeln werden? Dann sprechen Sie über seine Fähigkeiten und Möglichkeiten, die sich in der Schule oder in der Freizeit zeigen. Freuen Sie sich über Erfolge und Entwicklungsschritte Ihres Jugendlichen und teilen Sie ihm das auch in einer wertschätzenden Art und Weise mit. Sprechen Sie über die Zukunft und berufliche Möglichkeiten, unterstützen Sie ihn oder sie bei der Recherche im Internet, über die Berufsberatung oder durch persönliche Kontakte.

Interpretieren und bewerten Sie häufig die Meinung oder das Verhalten Ihres Pubertierenden? Oder fragen Sie eher nach, wenn Ihnen etwas fragwürdig erscheint?

> Die Veränderung ergreift auch Sie – das können Sie als Bedrohung oder als Bereicherung ansehen.

Die Pubertät ist für Ihr Kind eine schwierige Zeit und auch eine schöne Zeit. Jetzt kann es sich noch einmal komplett neu erfinden und neu definieren, unabhängig von den Wünschen der Eltern und anderer. Gestehen Sie Ihrem Jugendlichen das zu und freuen Sie sich auf das Neue! Jetzt ist die Möglichkeit da, dass sich das schüchterne Kind als ein selbstbewusster junger Erwachsener entpuppt. Unterstützen Sie Ihren Pubertisten dabei, ohne Ihre kritische Haltung aufzugeben, wenn Sie Zweifel am richtigen Weg haben. Bieten Sie sich als ernst zu nehmenden Diskussionspartner an und nutzen Sie die Chance,

diskutieren
nicht besserwissen

auch ungewöhnliche Dinge zu tun. Die Veränderung ergreift auch Sie, ob Sie es wollen oder nicht, und das können Sie als Bedrohung, aber auch als Bereicherung ansehen!

Meine Welt ist nicht deine Welt

Wundern Sie sich manchmal darüber, welch merkwürdige Meinungen und Ideen andere Menschen äußern, vielleicht auch jemand, der Ihnen nahesteht? Paul Watzlawick beschreibt in seinem Bestseller „Anleitung zum Unglücklichsein“ sehr unterhaltsam, wie wir unsere eigene Wirklichkeit konstruieren. Die Begründer des sogenannten radikalen Konstruktivismus stehen seit den 1970er-Jahren auf dem Standpunkt, dass es keine allgemeingültige Wirklichkeit gibt, sondern dass sich diese aus den vielen individuellen Wirklichkeiten zusammensetzt. Wenn wir uns nun mit jemandem unterhalten, so tauschen wir uns im Grunde über unsere jeweilige Sicht der Dinge aus. Für Sie als Eltern von pubertierenden Kindern kann die Vorstellung hilfreich sein, dass Ihr Kind gerade dabei ist, sich seine eigene Wirklichkeit zusammenzubasteln. Darauf können Sie neugierig werden und Sie können sich immer wieder bemühen, mit Ihren Gedanken und Überzeugungen Teile zu seinem Wirklichkeitspuzzle beizutragen. Diese

Haltung kann Ihre Beziehung sehr entspannen: Durch die Gewissheit, dass Ihr Kind selbstständig auch ohne Ihr Zutun und ohne Ihre Kontrolle seine eigene Sicht der Welt entstehen lässt, können Sie mehr Gelassenheit entwickeln.

Wenn die Wut Sie übermannt

„Sie bringt mich auf die Palme!“ – Sie werden wütend, weil Sie sich rat- und hilflos fühlen und nicht mehr weiterwissen. Sie sind wütend, weil eine getroffene Absprache wieder nicht eingehalten wurde. Oft werden wir richtig wütend, weil uns etwas geschieht, was wir von uns selbst nur zu gut kennen. Einerseits ist es gut, seine Wut auch zu zeigen, denn sie gehört ja zu uns. Akzeptieren Sie Ihre Wut! Nehmen Sie das Gefühl wahr. In welchem Körperteil steckt die Wut besonders und wie fühlt sich das an?

> Manchmal muss man den Raum verlassen, um nicht die Kontrolle über sich zu verlieren.

Andererseits ist es natürlich auch wichtig, die Wut zu kontrollieren, damit wir nicht handgreiflich werden und völlig die Kontrolle über unser Handeln verlieren. Oft hilft dann eine Auszeit, den Raum verlassen, aus dem direkten Kontakt gehen und die Wut „verrauchen“ lassen. Und nach einer gewissen Zeit ist es dann gut, ein Gespräch darüber zu führen, warum die Situation so eskalierte, wie so viel Wut entstehen konnte und was man gemeinsam tun kann, um zukünftig besser miteinander klarzukommen. Wenn Ihnen etwas leidtut, bitten Sie Ihren Jugendlichen um Verzeihung. Gestehen Sie Fehler ein, die Ihnen unterlaufen. So wirken Sie wahrhaftig und werden zu einem Diskussionspartner, der ernst genommen wird.

Wenn der Kontakt doch abgerissen ist

Sie geben sich Mühe, alles dafür zu tun, dass Ihr Pubertierender sich gut entwickelt, und doch kann es passieren, dass der Kontakt abreißt. Vielleicht ist Ihre 16-jährige Tochter nach Drohungen und Erpressungsversuchen zu ihrem Freund gezogen. Der Streit ist eskaliert. Sie hat ihre Tasche gepackt und die Tür hinter sich zugeknallt. Jetzt wird es Zeit, die weiße Fahne zu hissen. Teilen Sie ihr mit, dass Sie gesprächsbereit sind, dass Sie sie bei allen unterschiedlichen Auffassungen als Ihre Tochter lieben. Teilen Sie ihr mit, was Ihnen leidtut, was Sie bereuen. Die Tochter wird sich nicht zwingen lassen, sie wird irgendwann selbst die Sehnsucht nach ihrer Familie spüren. Für diesen Moment ist es wichtig für sie zu

> Springen Sie über Ihren Schatten und machen Sie den ersten Schritt

wissen, dass sie zurückkommen kann, dass die Eltern für sie da sind, dass Sie gesprächsbereit sind. Natürlich wird es Bedingungen geben, die für beide Seiten wichtig sind; im Gespräch kann man sie erörtern und Lösungen finden. Dabei wird es immer darum gehen, über den eigenen Schatten zu springen – als Elternteil sollten Sie die Größe haben, den ersten Schritt zu machen und nicht in der Schmollecke sitzen zu bleiben, auch wenn Sie sich zutiefst verletzt fühlen.

Es gibt aber auch Situationen, in denen es besser oder vielleicht sogar unumgänglich ist, einen unabhängigen Dritten als Vermittler einzuschalten. Nehmen Sie Beratung von unabhängiger und professioneller Seite in Anspruch, wenn Sie ratlos sind und sich zu große Sorgen machen! Manchmal kann auch das Jugendamt Hilfestellung leisten.

DAMIT DAS ZUSAMMENLEBEN GELINGT

Die, welche dir die Nächsten und Liebsten sind,
erträgst du manchmal schwer.
Sei gewiss, es geht ihnen mit dir ebenso.

Ernst von Feuchtersleben

Die Familie in der Öffentlichkeit

Der Härtetest findet in der Öffentlichkeit statt: Spätestens wenn Sie mit Ihrem Pubertierenden und dem kleinen Bruder ein Restaurant besuchen, stellt sich die Gretchenfrage: Wer ist wem am peinlichsten und wie viele Sekunden dauert es bis zum ersten Streit? „Kannst du dich nicht ordentlich hinsetzen?" „Ich bin doch kein Spießer wie du!" Wenn der Streit blitzschnell hochgekocht ist, stehen Sie bereits auf verlorenem Posten. Soll ich klein beigeben oder mich auf ein lautstarkes Gefecht einlassen? Ein klassisches Dilemma – egal was Sie tun, Sie haben verloren. Eigentlich wollten Sie entspannt miteinander essen, doch schon bereuen Sie, überhaupt gemeinsam aus dem Haus gegangen zu sein.

Wahrscheinlich gibt es jetzt nur eine Möglichkeit: Ruhe bewahren, soweit es irgend geht (manchmal entspannt schon ein kurzer Gang auf die Toilette), und dann das aussprechen, was in der Luft liegt: „Jetzt ist genau die Situation entstanden, die ich nicht wollte – ich hab mir gewünscht, dass wir es hier miteinander schön und entspannt haben. Ich möchte gern später mit dir in Ruhe darüber sprechen, wie wir das in Zukunft besser miteinander hinbekommen! Bist du damit einverstanden?" Und wenn Sie sich jetzt auch noch einen Korb einhandeln, dann zeigen Sie Größe! Bewahren Sie Haltung und lassen Sie es sich schmecken. Vertrauen Sie darauf, dass der geeignete Moment zum Gespräch schon wiederkommen wird.

Grundsätzlich können Sie dieses Vorgehen bereits sehr früh üben. Bevor Sie sich mit Ihren Kindern in die Öffentlichkeit begeben, sprechen Sie mit ihnen darüber, was für Sie als Eltern wichtig ist: Welches Verhalten erwarten Sie im Restaurant, in öffentlichen Verkehrsmitteln oder beim gemeinsamen Arztbesuch von ihnen? Sprechen Sie darüber, was Ihnen unangenehm, peinlich oder unerträglich ist. Und begründen Sie Ihre Haltung. Kinder brauchen

> Sprechen Sie mit Ihren Kindern schon vorher darüber, welches Verhalten Sie von ihnen erwarten.

Grenzen, sie wollen sie verstehen und sie testen sie aus – nicht erst, wenn sie in der Pubertät sind, jetzt aber noch einmal ganz besonders und sehr grundsätzlich. Provokationen wird es vielleicht dennoch geben, aber Sie sind dann darauf vorbereitet, verstehen den Grund und können entsprechend gelassen darauf reagieren.

Oft ist es besser, wenn die Gespräche mit Ihrem Pubertierenden unter vier Augen stattfinden. Manchmal ist es gut, wenn beide Eltern dabei sind, besonders wenn die Eltern getrennt leben. Scheidungskinder führen manchmal Situationen herbei, die dazu führen, dass beide Eltern an ihrem Krankenbett sitzen, nur um sie endlich wieder zusammen zu sehen. Dem können Sie vorbeugen: Schaffen Sie im Jahreslauf (etwa an Weihnachten oder Geburtstagen) immer wieder gemeinsame, möglichst entspannte Treffen. Wenn die Eltern dabei über ihren Schatten springen – bei allen Problemen, die sie möglicherweise miteinander haben –, so geben sie damit ein gutes Vorbild ab, besonders wenn sie sich trotz aller Differenzen für ihr Kind auf ein gemeinsames Vorgehen einigen.

Die lieben Verwandten

Eine Mutter berichtet: „Und dann kam der Telefonanruf meiner Mutter: Wie könne ich es bloß zulassen, dass

Ben mit langen Haaren und blauen Strähnen in die Schule geht? Ich befinde mich sofort in der Defensive und spüre den Impuls, mich rechtfertigen zu müssen. Ja, wieso lasse ich das zu? Mit dieser Frage habe ich mich schon lange beschäftigt und irgendwie musste ich zulassen, dass Ben sich durchsetzt. Seitdem nagen Zweifel an mir, ob ich mich richtig verhalte – und jetzt auch noch der Frontalangriff meiner Mutter ..."

Es geht in der Kindererziehung, ganz besonders in der Pubertätsphase, auch um Macht und Machtverlust: Was entscheide ich noch, was entscheidet mein Sohn? Eltern verlieren Macht, die sie über ihr Kind noch hatten, und die Kinder erobern Macht – sie wollen selbst bestimmen. Das ist zunächst ein ganz normaler Vorgang. Das Problematische daran ist, dass Entscheidungen und Vereinbarungen oft nur von sehr kurzer Dauer sind – was gestern noch funktionierte, wird heute bereits wieder infrage gestellt. Hier gilt es, immer wieder geduldig eine möglichst große Klarheit herzustellen und Unwägbarkeiten und unkonventionelle Lösungen für eine bestimmte, oft sehr kurze Zeit, zu akzeptieren. Nichts wird so bleiben, wie es ist. Der erste Schritt ist dabei immer, Klarheit für sich selbst zu gewinnen, und dabei helfen Gespräche. Gespräche mit Freunden, mit dem Partner, mit dem oder der Jugendlichen und dann auch Gespräche mit der Mutter, mit den Verwandten.

alles verändert sich
→ Eltern müssen auch

Gerade bei Letzteren ist es wichtig, die Rollen im Blick zu behalten: Eltern sind und bleiben Eltern mit allen Rechten und Pflichten, mit ihrer Verantwortung, ihren Befugnissen und Zuständigkeiten. Großeltern, Tanten und Onkel sind herzlich zur Unterstützung eingeladen, auch zur kritischen Begleitung, aber sie haben nicht in das „Elterngeschäft" hineinzureden und die Situation noch weiter zu komplizieren. Lassen Sie sich als Eltern nicht verunsichern, sondern sorgen Sie für Klarheit in den jeweiligen Rollen. Verwandte können hervorragende Stützen im Pubertätsprozess sein, indem sie für die Jugendlichen eine Zeit lang zur wichtigen Vertrauensperson werden. Für Pubertierende ist es manchmal einfacher, von einem Verwandten einen Rat oder einen neuen Gedanken anzunehmen als von den Eltern, mit denen sie sich möglicherweise gerade in wichtigen Auseinandersetzungen befinden und von denen sie sich abgrenzen müssen.

Verwandte dürfen gern unterstützen und kritisch begleiten – den Eltern reinreden dürfen sie nicht.

Wenn sich die Eltern trennen

Trennungszeiten sind immer schwierige Zeiten, gerade auch für die Kinder des Paares, das sich trennt. Ganz besonders spannend kann es werden, wenn Sie als Geliebte oder neuer Lebenspartner in ein bestehendes (Teil-)Familiensystem hineingeraten.

Das stellt eine unerwartete Herausforderung für alle Beteiligten dar und erfordert Behutsamkeit und viel Aufmerksamkeit für die Einzelnen und für die Dynamik, die sich im alten ebenso wie im neu entstehenden System entfaltet. Der oder die „Neue" muss sich dann auch auf Sätze einstellen wie: „Du hast mir gar nichts zu sagen, du bist nicht meine Mutter/mein Vater!"

Sowohl im Trennungsprozess wie im Prozess der Neufindung einer Familienkonstellation ist es tröstlich für das betroffene Kind oder den Jugendlichen, wenn beide Eltern (und besonders auch der Vater) regelmäßig Zeit mit ihm verbringen oder es zumindest anbieten und mit ihm telefonisch, per Mail oder SMS in Kontakt stehen. Sie können dann die positiven Seiten, aber auch die Schwierigkeiten der Situation thematisieren und gemeinsam herausfinden, was den Trennungsschmerz erleichtern könnte – in der Regel ist das Sicherheit. Und zwar Sicherheit in der Beziehung zu jedem Elternteil. Oft ist es eine große Hilfe, wenn man eine erfahrene dritte Person als Berater hinzuzieht. In Trennungssituationen kann das zum Beispiel ein Mediator sein, der hilft, vorhandene Konflikte für beide Seiten zufriedenstellend zu lösen. Wenn die Beteiligten einer neuen Patchwork-Familiensituation sich überfordert fühlen, sie speziell für die neuen „Geschwister" zufriedenstellend zu gestalten, können sie auch bei einer Familienberatungsstelle Unterstützung finden.

Die 10 goldenen Regeln

Regel 1

Akzeptieren Sie, dass Ihr Kind die Familie verlassen will und sich immer öfter zurückzieht oder die Gesellschaft seiner Freunde den Familienaktivitäten vorzieht.

Tag für Tag wächst Ihr Kind mehr in eine Gesellschaft hinein, zu der Sie keinen Zutritt haben. Nehmen Sie Ihre Trauer, aber auch Ihre eigenen Chancen wahr. Respektieren Sie sein Schweigen und seine neuen Ansichten über das Leben. Reden Sie nicht abwertend über seine Freunde, Gemütszustände, sein Aussehen, seinen Körper oder seine Sexualität – schon gar nicht vor anderen. Akzeptieren Sie, dass Sie nicht mehr die wichtigste Vertrauensperson Ihres Kindes sind.

Über vieles wird Ihr jugendliches Kind schweigen – so wie Sie das auch früher getan haben. Unterstützen Sie Ihr Kind dabei, zu anderen Erwachsenen ein vertrauensvolles Verhältnis zu entwickeln, damit es jemanden hat, mit dem es sprechen kann, wenn es in Schwierigkeiten ist.

Regel 2

Leben Sie das vor, woran Sie glauben und was für Sie wichtig ist im Leben.

Denken Sie über Ihre eigene Jugendzeit nach und sprechen Sie mit Vertrauenspersonen darüber. Verhalten Sie sich als der Erwachsene, der Sie sind.

Gehen Sie Auseinandersetzungen ein. Stehen Sie zu Ihrer Überzeugung, aber lassen Sie sich auch überzeugen. Lügen Sie nicht in Bezug auf Ihre Stärken und Schwächen – die Jugendlichen werden Sie durchschauen und es Ihnen vorwerfen.

Regel 3

Hören Sie zu, auch in den unmöglichsten Situationen. Entwickeln Sie Mitgefühl für diese umwälzende Phase.

Fühlen Sie mit in Situationen des Scheiterns. Reiten Sie nicht auf Fehlern herum, die immer bei Experimenten gemacht werden. Sie sind wertvoll für das weitere Lernen. Drücken Sie Ihr Verständnis aus, dass es manchmal verdammt schwer ist, erwachsen zu werden, und machen Sie Ihrem Kind Mut. Ihr Kind wird es schaffen und Sie wollen es dabei begleiten, egal was passiert – und sich darauf freuen, wie schön das Verhältnis zueinander später sein wird. Sprechen Sie über die Stärken, die Sie an ihr oder ihm wahrnehmen. Richten Sie Ihren gemeinsamen Blick auf das, was sie oder er schon gut kann und schon alles gemeistert hat in diesem Leben. Fragen Sie danach, was Ihr Kind wirklich will. Unterbrechen Sie dafür auch mal eigene Aktivitäten oder verabreden Sie sich für ein Gespräch. Helfen Sie ihr und ihm eigene Ziele zu formulieren und Wege zu suchen, um sie zu verwirklichen.

Regel 4

Lösg. suchen, sich zeigen

Seien Sie konsequent! Verhandeln Sie faire, zeitlich begrenzte Regeln und Lösungen und halten Sie sie ein.

Heranwachsende sind Teil der Lebensgemeinschaft Familie. Sie haben Rechte und Pflichten, die mitwachsen. Wenn Sie selbst nicht mehr hinter den Regeln stehen, passen Sie gemeinsam die Regeln der neuen Situation an und achten Sie darauf, dass sie eingehalten werden. Legen Sie vorher fest, was nach einer Nichteinhaltung passiert.

Regel 5

Stellen Sie sich den Konflikten.

Führen Sie Konfliktgespräche nicht nebenbei oder wenn Sie sich gerade aufregen. Verabreden Sie sich mit den Beteiligten. Sie dürfen wütend sein, aber Sie dürfen nicht absichtlich verletzen! Entschuldigen Sie sich, wenn Ihnen etwas leidtut. Sagen Sie dann auch, wie gerne Sie Ihr Kind haben und wie wichtig es in Ihrem Leben ist. Drücken Sie aus, dass auch Sie manchmal hilflos sind und nicht wissen, wie es weitergeht, aber dass Sie gemeinsam durchkommen werden, vielleicht auch mit Hilfe von außen. Vertrauen auf eine positive Lösung erzeugt mehr Gelassenheit.

Regel 6

Bleiben Sie in Kontakt (auch ohne Gespräche) und bieten Sie gemeinsame praktische Aktivitäten an.

Das können Ausflüge, Kino-, Theater- oder Stadionbesuche, Koch-, Back- oder Gartenaktionen sein. Bei gemeinsamen Tätigkeiten, Spaziergängen oder Autofahrten kann man prima über Gott und die Welt sprechen.

Regel 7

Übergeben Sie dem heranwachsenden Jugendlichen bewusst nach und nach immer mehr Verantwortung und (nur) das nötige Geld.

Verabschieden Sie sich davon, die komplette Verantwortung für ein kleines, abhängiges Kind zu haben. Lassen Sie sich überraschen von der Kreativität und den Experimenten der jungen Menschen. Wenn Sie Geld geben für Extras, verhandeln Sie eine Gegenleistung im Haushalt. Andere müssen dafür arbeiten gehen. Sparen Sie Ihre großzügige finanzielle Unterstützung lieber für die Zeit auf, wenn der junge Erwachsene seine Existenz selbst finanzieren muss, vielleicht eine kostspielige Ausbildung macht oder schon ein Enkelkind da ist.

Regel 8

Unterstützen Sie den Jugendlichen dabei, Verantwortung in einer Gemeinschaft zu übernehmen.

Pfadfinder, Kirche, Jugend-, Umweltgruppen, Sport: Trauen Sie es Ihrem Kind zu. Helfen Sie ihm oder ihr dabei, das zu lernen, was er oder sie dafür braucht. Helfen Sie bei der Suche nach Aushilfsjobs, die mit den Anforderungen der Schule vereinbar sind.

Regel 9

Ergreifen Sie Gelegenheiten für Gespräche über das Leben, die Liebe und den Tod.

Unterstützen Sie die spirituelle Suche Ihres Kindes nach dem Sinn seines Lebens. Sprechen Sie auch über Ihre eigenen Werte und Ihre Suche danach, als Sie jung waren – aber noch wichtiger: Leben Sie sie. Filme, Theaterstücke, Musiktexte, aber auch Geburten, Beerdigungen, Hochzeiten wie auch religiöse Feste aller Glaubensrichtungen können dafür einen Anlass bieten. Die jungen Menschen nehmen alles sehr intensiv wahr und stellen sich innerlich Fragen – nutzen Sie diese Situationen, ohne aufdringlich zu sein. Sprechen Sie dabei von sich und hören Sie aufmerksam zu.

Regel 10

Unterstützen Sie Ihr jugendliches Kind dabei, ein Ritual für seinen persönlichen Übergang ins Erwachsenenalter zu finden.

Erlauben Sie ihm, ein großes Fest zu feiern. Ermöglichen Sie allen Beteiligten, Abschied von der Kindheit Ihrer Tochter oder Ihres Sohnes zu nehmen und das Erwachsenenalter zu begrüßen.

In fast allen Gesellschaften dieser Welt gibt es mehr oder weniger intensiv gelebte Initiationsriten, in der die Schwelle zum Erwachsenwerden in einer Gruppe Gleichaltriger gemeinsam überschritten wird. In Europa feiern wir die christliche Konfirmation, Jugendweihe, Schulabschlussfeiern, aber auch muslimische, buddhistische, schamanische und jüdische Rituale. Beim jüdischen Bar-Mizwa-Fest zum Beispiel feiert man die religiöse Mündigkeit des jungen Menschen, die ein Junge mit 13, ein Mädchen mit 12/13 Jahren erreicht. Sie können natürlich auch ein eigenes Fest organisieren, das den Schnitt und den Übergang im Leben des heranwachsenden Menschen markiert und Gelegenheit zum Feiern mit Familie und Freunden bietet. Wie Sie das umsetzen, bleibt Ihrer Fantasie überlassen. Hier nur zwei Anregungen: Bauen Sie im Raum einen Tisch auf mit Kinderfotos, dem Lieblingsspielzeug, Spielen usw. und bereiten Sie einen zweiten für aktuelle Musik, Kleidung oder Geschenke vor. Oder alle

Anwesenden schreiben Wünsche für die junge Frau bzw. den jungen Mann auf und lassen sie zusammen mit Luftballons in den Himmel fliegen.

Und später?

Was bleibt für Sie zu tun, wenn Ihr jugendliches Kind erwachsen geworden ist? Wenn es volljährig ist, Auto fährt und auszieht in die erste eigene Wohnung, in eine WG oder zur Freundin? Dann winken Sie fröhlich hinterher! Zeigen Sie Ihren Schmerz und Ihre Sorge nicht, das belastet den jungen Menschen nur zusätzlich zu seinen eigenen Bedenken. Besprechen Sie Ihre Gefühle nur mit Ihren eigenen Vertrauten. Der junge Erwachsene muss jetzt alleine klarkommen. Das schließt Unterstützung bei Umzug oder Formularen nicht aus – aber nur auf Anfrage.

> Belasten Sie den jungen Menschen nicht mit Ihren Sorgen – winken Sie fröhlich hinterher!

Und noch was: Die modernen Kommunikationsmittel sind verführerisch und mit dem Handy ist auch Ihr erwachsenes Kind immer erreichbar. Schnell mal ein „Ich hab dich lieb“ oder „Wann besuchst du uns?“ ist leicht eingetippt. – Tun Sie es lieber nicht. Üben Sie Enthaltsamkeit! Melden Sie sich selten. Überlassen Sie es dem jungen

Erwachsenen, deutlich zu machen, wann er den Kontakt möchte. Es kann sein, dass er ein paar Wochen lang nichts von sich hören lässt. Keine Panik! Wenn etwas schiefgeht, wird er sich schon melden. Zeigen Sie Ihre Erreichbarkeit und Freude, wenn er sich meldet. Ansonsten: Aus dem Pubertisten ist ein liebenswürdiger, uns nahestehender Gast geworden. Eindringliche Fragen nach Beziehungen und Kommentare zu Ausbildungsnoten sind nicht angesagt. Man unterhält sich, erzählt von sich und feiert vielleicht einen Geburtstag zusammen. Alles ist offen und es bleibt spannend, wie sich die Verbindung unter den Erwachsenen weiter gestalten wird!

DAS PUBERTÄTS-ABC – OFT GESTELLTE FRAGEN

A

„Sie will die Schule **abbrechen**. Was kann ich bloß dagegen machen?"

Sprechen Sie (oder eine andere Vertrauensperson) mit ihr über die Hintergründe und fragen Sie, was geschehen müsste, damit sie ihren Schulabschluss doch macht. Überlegen Sie gemeinsam mit ihr, welche Folgen ein Schulabbruch hat, welche Alternativen es gibt und was deren mittel- und langfristige Folgen sind. Möglicherweise gibt es auch einen Beratungsdienst in der Schule oder beim Arbeitsamt.

„Muss ich ihm einen **Ausbildungsplatz** suchen?"

Unterstützen Sie Ihren Sohn – allerdings nur in enger Absprache. Er muss selbst aktiv werden und sich auf die Suche machen; wenn es Gründe gibt, die das verhindern, fragen Sie danach. Und sprechen Sie mit ihm über Ihre eigenen Perspektiven und Planungen: Wie lange werden Sie ihn unterstützen? Wann sollte er auf eigenen Füßen stehen? Vielleicht machen Sie mit ihm einen schriftlichen Plan, wer wann was tut – immer aber mit der Haltung, dass es sein Plan ist und nicht Ihrer.

„Soll ich wirklich so viel Geld für einen **Auslandsaufenthalt** für meine Tochter ausgeben? Dann möchte ihre Schwester nächstes Jahr aber auch fahren, und was machen wir dann?"

Ein Auslandsaufenthalt kann eine sehr wichtige Zeit für Jugendliche sein. Im Ausland lernen sie nicht nur eine Fremdsprache, sondern auch die Situation zu Hause mit anderen Augen zu sehen. Stellen Sie doch im Gespräch mit Ihren Töchtern einmal alle Argumente zusammen, die für einen Auslandsaufenthalt sprechen, aber auch diejenigen, die möglicherweise problematisch sind. Wenn es in erster Linie um die Finanzierung geht, sollten Sie gemeinsam darüber sprechen, wer was dazu beitragen kann – vielleicht gibt es auch Zuschüsse, Stipendien oder Sponsoren (manchmal sogar innerhalb der Familie). Auch sollten Sie gemeinsam überlegen, ob der Aufenthalt bereits während der Schulzeit oder erst nach dem Schulabschluss stattfinden soll. Eine intensive Auseinandersetzung führt auf jeden Fall zu einer hohen Wertschätzung dieses Vorhabens. Sammeln Sie unbedingt auch möglichst viele Informationen: Freunde, Bekannte, die Schule oder auch das Arbeitsamt haben häufig wichtige Tipps.

B

„Mein Sohn will in einen Fitnessclub, um **Bodybuilding** zu machen. Soll ich ihm das bezahlen?“

Sprechen Sie mit Ihrem Sohn darüber, aus welchen Gründen er gern in den Club möchte. Geht es ihm um körperliche Fitness? Möchte er es, weil es gerade in seinem Freundeskreis angesagt ist? Lassen Sie sich durch Argumente überzeugen, teilen Sie ihm aber auch Ihren eigenen Standpunkt, Ihre Bedenken und Zweifel mit. Möglicherweise ist es hilfreich, wenn er seinen eigenen Beitrag dazu leistet, vielleicht durch Übernahme einer zusätzlichen Aufgabe im Haushalt.

C

„Die Freunde in seiner **Clique** gefallen mir überhaupt nicht. Soll ich ihm das sagen? Soll ich ihm verbieten, sich mit ihnen zu treffen?“

Eine schwierige Frage, die sich jedoch oft stellt! Suchen Sie das Gespräch mit Ihrem Sohn in entspannter Atmosphäre und unter vier Augen; laden Sie ihn zum Beispiel mal zum Essen ein. Lassen Sie ihn über seine Clique erzählen und fragen Sie, was ihn an den anderen eigentlich so fasziniert. Fragen Sie ihn auch, ob er in Bezug auf die anderen Zweifel hat. Erzählen Sie ihm von Ihren Gefühlen und Ihren Sorgen. Wahrscheinlich wird es eine Weile dauern, bis Ihr Sohn eine kritische Haltung zu seiner Clique entwickelt – Sie brauchen also Geduld und Vertrauen in den kritischen Geist Ihres Sohnes.

„Mein Sohn spielt nur noch am **Computer** und hat kaum Freunde. Wie kann ich ihm helfen?"

Gerade in der Pubertät gibt es Zeiten, in denen die Heranwachsenden ein exzessives Verhalten an den Tag legen. Glücklicherweise gehen diese Zeiten irgendwann vorüber. Dennoch sollten Sie mit Ihrem Sohn über Ihre Befürchtungen sprechen. Lassen Sie sich doch einmal die Spiele zeigen und erklären, die er spielt. Vielleicht können Sie seine Faszination dann sogar verstehen. Auf jeden Fall haben Sie dann eine Grundlage, um mit ihm über mögliche Alternativen in der Freizeitgestaltung zu sprechen.

D

„Was kann ich tun, damit mein Sohn keine **Drogen** nimmt?"

Zunächst einmal ist es sehr wahrscheinlich, dass auch Ihr Sohn – wie fast alle Menschen – irgendwann Drogen nimmt. Am besten sprechen Sie bereits vor der Pubertät mit ihm über Drogen, zum Beispiel über Nikotin. Nikotin ist eine der Drogen, die am schnellsten abhängig machen. In diesem Fall haben sich häufig Verträge bewährt (siehe

Kapitel „Erfolgreich Kontakt halten“). Darüber hinaus sollten Sie sich immer wieder mit ihm über Drogen und deren Gefahren unterhalten. Allerdings nicht mit erhobenem Zeigefinger, sondern eher fragend, etwa indem Sie sich nach der Haltung seiner Freunde zu Drogen erkundigen. Was versteht Ihr Sohn unter Drogen? Oft ergibt sich schnell ein sehr differenziertes Bild: Manche seiner Freunde werden Drogen ablehnen, andere sind vielleicht interessiert und möglicherweise gibt es auch welche, die regelmäßig bestimmte Drogen konsumieren. Unterstützen Sie seine kritische Haltung, erzählen Sie ihm auch von Ihren eigenen Erfahrungen oder denjenigen Ihrer Freunde und Bekannten, wenn er daran Interesse hat.

„Täglich dreimal eine halbe Stunde **duschen** – ist das noch normal?“

Dieses Verhalten taucht bei Jungen ebenso wie bei Mädchen regelmäßig auf, so gesehen ist es „normal“. Andererseits ist es natürlich weder allgemein üblich noch besonders gesund für die Haut und sollte sowohl aus ökologischen als auch finanziellen Gründen kein Dauerzustand werden. Aber es gibt diese Zeit eben im Leben der Heranwachsenden, in der sie darum kämpfen, ein entspanntes Verhältnis zu ihrem sich verändernden Körper zu bekommen. Typisch in dieser Phase sind Sätze wie „Alles ist eklig!“ Durch Hormonschübe ändert sich beispielsweise der Körpergeruch, was für den jungen Menschen zur großen psychischen Belastung werden kann.

Begegnen Sie Ihrem Jugendlichen verständnisvoll, weisen Sie aber auch zum Beispiel auf die entstehenden Kosten hin. Das eigentliche Thema heißt Körperpflege – laden Sie Ihren Sohn oder Ihre Tochter doch einmal zu einem gemeinsamen Wellnesstag ein, bestimmt gibt es da auch einen ruhigen Moment, in dem Sie in Ruhe über alles sprechen können. Vielleicht gelingt es Ihnen, sich auf eine für beide Seiten akzeptable (Übergangs-)Regelung zu einigen. Vergessen Sie nicht: Es handelt sich um eine zeitlich begrenzte Phase, die vorübergeht!

E

„Wie stark muss ich mich einmischen und was lasse ich einfach laufen? Meine Freundin hat mir von der **Erziehungsberatung** erzählt. Kann das helfen?"

Diese Unsicherheit in Erziehungsfragen ist ganz normal: Auch sogenannte Erziehungsexperten können Ihnen nicht sagen, was richtig oder falsch ist (auch wenn manche meinen, es tun zu müssen). Jede Situation und jedes Beziehungsgeflecht ist anders und braucht die jeweils passende Antwort – und die fnden Sie selbst. Manchmal treffen wir Entscheidungen, die wir beim ersten Darübernachdenken für falsch halten, die sich aber nach einiger Zeit als richtig entpuppen – oder umgekehrt. Meistens handeln bzw. entscheiden wir intuitiv, ohne groß darüber nachzudenken, was grundsätzlich richtig ist, da es zu uns passt. In einer Erziehungsberatungsstelle finden Sie in der Regel erfahrene Fachleute, mit denen Sie über Ihre grundsätzlichen oder speziellen Fragen sprechen können. Das sollten Sie auf jeden Fall ausprobieren, da Sie so möglicherweise mehr Sicherheit erlangen können.

F

„Mein Sohn isst nicht mehr seine Lieblingsgerichte, sondern will nur noch **Fastfood** essen."

Einerseits geht es beim Essen um Ernährung, die natürlich möglichst gesund sein soll. Nur: Was ist gesunde Ernährung? Dazu gibt es jede Menge verschiedene Expertenmeinungen.

Andererseits hat Essen immer auch einen wichtigen sozialen Aspekt: Wir treffen uns, um gemeinsam zu essen und dabei die wichtigen Dinge des Zusammenlebens zu besprechen. Am besten sorgen Sie dafür, dass Sie möglichst regelmäßig gemeinsam essen. Dafür sollten Sie genug Zeit einplanen und alle Beteiligten etwas dazu beitragen: kochen, den Tisch decken, abräumen, Geschirr spülen. Und wenn jeder seine Wünsche äußert, wird es automatisch einen abwechslungsreichen Speiseplan geben.

Was Ihr Sohn darüber hinaus zu sich nimmt? Auch in dieser Hinsicht wird es Phasen exzessiven Verhaltens geben, die aber schließlich vorübergehen. Die Herausforderung für Eltern besteht darin, sich in Geduld zu üben.

„Nachts sitzt er bis spät in seinem Zimmer vor dem **Fernseher** und morgens kommt er nicht aus dem Bett. Soll ich ihm das verbieten?"

Offensichtlich bekommt Ihr Sohn zu wenig Schlaf – das bereitet Ihnen zu Recht Sorgen. Ein erster sinnvoller Schritt wäre ein entspanntes Gespräch mit Ihrem Sohn, in dem Sie ihm Ihre Bedenken mitteilen. Wie geht es ihm in der Schule? Wie entwickeln sich seine Leistungen? Was hält ihn so lange vor dem Fernseher? Sieht Ihr Sohn sein Verhalten auch als problematisch an? Die meisten Pubertierenden entwickeln sich von Frühaufstehern zu Nachteulen. Äußern Sie Ihr Verständnis und suchen Sie gemeinsam nach einer Lösung. In manchen Fällen sind auch Verbote sinnvoll.

G

„Er macht seine Arzttermine einfach nicht selbst, ich muss das immer für ihn tun. Ist ihm seine **Gesundheit** denn nicht wichtig?"

Offenbar ist Ihr Sohn noch nicht so selbstständig, wie Sie es gerne hätten. Wahrscheinlich macht er sich über seine Gesundheit einfach keine Gedanken – das ist durchaus normal. Wenn wir nicht krank sind, halten wir diesen Zustand üblicherweise für selbstverständlich. Ihr Sohn muss noch lernen, seine regelmäßigen Termine im Jahreslauf selbst zu organisieren. Konfrontieren Sie ihn damit und bieten Sie ihm Ihre Hilfe an. Vielleicht helfen ein Jahreskalender in der Küche, in dem er alle wichtigen Termine einträgt, und ein aktuelles Adressverzeichnis.

H

„Immer läuft er mit dem MP3-Player durch die Gegend. Ich habe Angst, dass er einen **Hörschaden** bekommt.“

Diese Sorge ist durchaus begründet: Die EU-Kommission hat die Industrie 2009 beauftragt, eine Norm zu entwickeln, die die Lautstärke auf 80 Dezibel für maximal 40 Stunden pro Woche begrenzt. Hintergrund sind Untersuchungen, die darauf hinweisen, dass 5–10 Prozent der Nutzer von MP3-Playern, also 10 Millionen EU-Bürger, in Gefahr sind, taub zu werden, da sie das Gerät zu laut einstellen.

Sie sollten auf jeden Fall mit Ihrem Sohn über die Gefahren und Ihre Sorge sprechen. Hilfreich ist möglicherweise auch ein Hörtest, bei dem Ihr Sohn von einem Arzt Regeln für den gefahrlosen Umgang mit dem MP3-Player erhält.

I

„Meine Tochter will sich mit einer **Internetbekanntschaft** treffen, die sie im Chat kennengelernt hat. Der Mann ist viel älter als sie. Was soll ich machen?“

Offenbar hat Ihre Tochter viel Vertrauen zu Ihnen, da sie Ihnen davon erzählt hat. Das ist eine gute Voraussetzung, um in Ruhe über das Interesse Ihrer Tochter, das mutmaßliche Interesse des Mannes ebenso wie über mögliche Gefahren zu sprechen. Wenn das Treffen tatsächlich stattfinden soll, sollte der Treffpunkt auf jeden Fall gut gewählt werden: Ihre Tochter sollte den Mann an einem öffentlichen Ort treffen und keinesfalls allein sein. Gegebenenfalls sollten Sie auch darauf bestehen, den Mann persönlich kennenzulernen.

J

„Ich habe einen **Joint** bei ihm gefunden, wie soll ich denn jetzt reagieren?“

Suchen Sie das Gespräch mit Ihrem Sohn in einem ruhigen Rahmen. Lassen Sie ihn erzählen, welche Geschichte dahintersteckt, und teilen Sie ihm mit, welche Gefühle und Gedanken in Ihnen hochkamen, als Sie den Joint fanden. Vielleicht geht es Ihrem Sohn nur um ein Experiment, vielleicht steckt etwas anderes dahinter: Fragen Sie ihn einfach nach den Hintergründen. Möglicherweise hilft es

Ihnen auch, wenn Sie allein oder mit Ihrem Sohn eine Drogenberatungsstelle aufsuchen und dort mit einem Berater über Ihre Sorgen und Fragen sprechen.

„Wie lange dürfen Jugendliche nach dem **Jugendschutzgesetz** eigentlich ausgehen?"

Oft kennen weder Jugendliche noch ihre Eltern die genauen Bestimmungen des Jugendschutzgesetzes. Dieses Gesetz bieten Ihnen einen klar geregelten Rahmen, mit dem Sie gut argumentieren können – besonders auch, wenn Ihre Tochter sagt, die anderen dürften dieses oder jenes doch schließlich auch. Innerhalb dieses Rahmens haben Sie die erzieherische Verantwortung. Die aktuelle Fassung finden Sie auf der Website des Bundesministeriums für Familie, Senioren, Frauen und Jugend, www.bmfsfj.de.

K

„Wie sage ich meinem Sohn, dass er **Kondome** benutzen soll? Er hat ständig neue Freundinnen."

Am besten sprechen Sie ihn direkt darauf an und teilen ihm ihre Verwunderung und auch Ihre Besorgnisse mit. Wenn Sie noch nicht mit ihm über Verhütung gesprochen haben, fragen Sie ihn doch einfach, wie er es damit hält. Es sollte ihm auf jeden Fall klar werden, dass er für diese Frage verantwortlich ist.

Vater – Mutter Kompromisse

„Wie **konsequent** müssen Eltern sein? Mein Mann und ich sind oft unterschiedlicher Meinung. Dürfen wir das?“

Eltern sollten authentisch sein, das heißt, jeder sollte seine eigene Haltung zunächst einmal für sich selbst geklärt haben. Daraus können Widersprüche erwachsen, mit denen wir klarkommen müssen. Das bedeutet immer auch, dass man in bestimmten Fragen nicht konsequent handelt, sondern Ausnahmen zulässt. Wenn Sie unterschiedlicher Meinung sind, so ist das in Ordnung und „normal“. Jeder von Ihnen wird für seine Meinung gute Gründe haben. Für Jugendliche kann es sehr entlastend sein, wenn sie sehen, dass auch ihre Eltern kontrovers diskutieren und sich nicht unbedingt einigen. So wird deutlich, wie wichtig es ist, eigene begründete Positionen zu entwickeln. Andererseits spüren Kinder und Jugendliche sehr genau, wenn Eltern nur vorgeben, einer Meinung zu sein. Die Wirkung ist verheerend: Jegliche Glaubwürdigkeit geht dann verloren.

> Kinder und Jugendliche spüren sehr genau, wenn die Eltern nur vorgeben, einer Meinung zu sein.

Besonders in Patchworksituationen ist es dabei wichtig, die möglicherweise abweichende Position des Partners zu akzeptieren und dem Jugendlichen dadurch den Raum zu geben, seinen eigenen Standpunkt zu entwickeln. Bei grundsätzlichen Entscheidungen sollten Eltern aber auf jeden Fall eine gemeinsame Linie finden, auch wenn diese auf einem Kompromiss beruht. Es schadet dabei nicht, wenn der Prozess der Entscheidungsfindung für den Jugendlichen transparent ist.

L

„Meine Tochter hat seit Wochen **Liebeskummer**, sie ist unglücklich in einen Jungen aus der Klasse über ihr verliebt. Wie kann ich ihr nur helfen?“

Offenbar hat Ihre Tochter sich Ihnen mit ihrem Kummer anvertraut – das ist ein Zeichen von großem Vertrauen. Oft hilft es schon, darüber zu sprechen, beispielsweise auch mit der besten Freundin, und in einem bunten Freizeitprogramm Ablenkung zu finden. Für Ihre Tochter ist es vermutlich ein großes Risiko, dem Jungen ihre Gefühle zu offenbaren, aber diese Unsicherheiten gehören nun einmal dazu. Sie wird ihren eigenen Weg finden und dabei ist es das Wichtigste, dass sie möglichst mehrere Vertrauenspersonen hat, mit denen sie ihre verschiedenen Ideen durchdenken kann und auf deren Diskretion sie sich absolut verlassen kann.

M

„Soll ich erlauben, dass er seinen **Mopedführerschein** macht? Ich habe Angst, dass er leichtsinnig fährt und verunglückt.“

Es liegt an Ihrem Sohn, Ihre Bedenken auszuräumen und Sie zu überzeugen. Machen Sie ihm deutlich, welche Ängste und Bedenken Sie haben, und sprechen Sie mit ihm ausführlich über seine Beweggründe.

Welchen praktischen Nutzen gibt es, wer soll wann welche Kosten übernehmen? Es gibt viele Fragen zu klären und Ihr Entscheidungsprozess wird sich bestimmt eine Zeit lang hinziehen. Manchmal muss man miteinander und jeder mit sich selbst um eine Entscheidung ringen. Wichtig dabei ist, dass dies offen und ehrlich geschieht und für den anderen transparent ist. Eine Chance bei diesem Problem liegt darin, dass Sie in diesem Diskussionsprozess einander noch näher kommen.

N

„Mein Sohn kommt jede Nacht spät nach Hause, hat **Nikotin** geraucht und Alkohol getrunken und kommt dann morgens nicht aus dem Bett. Ich weiß nicht mehr, was ich tun soll!“

Es kann durchaus sein, dass es sich bei seinem derzeitigen Verhalten um eine Experimentierphase handelt, die bald vorüber ist. Machen Sie Ihrem Sohn nicht gleich Vorwürfe, sondern sprechen Sie zunächst ganz in Ruhe mit ihm über die Situation und Ihre Sorgen. Versuchen Sie zu verstehen, was ihn derzeit dazu bringt, sich so zu verhalten. Wenn Sie aber nicht bald mit ihm zu einer Vereinbarung kommen, durch die sich sein Verhalten ändert, suchen Sie Unterstützung, zum Beispiel in einer Erziehungsberatungs- oder Drogenberatungsstelle.

O

„Darf ich meiner 16-jährigen Tochter erlauben, mit Freunden auf eine **Open-Air-Goa-Party** nach Amsterdam zu fahren?"

Nach § 5, Absatz 1 des Jugendschutzgesetzes dürfen Jugendliche unter 18 Jahren nur in Anwesenheit einer personensorgeberechtigten oder erziehungsbeauftragten Person länger als bis 24 Uhr an öffentlichen Tanzveranstaltungen teilnehmen. Mit einem Formblatt können Sie Ihre Erziehungsaufgaben vorübergehend einer volljährigen Person Ihres Vertrauens übertragen (weitere Informationen unter www.bmfsfj.de).

Darüber hinaus stellt sich natürlich grundsätzlich die Frage, ob Sie Ihre Erziehungsaufgabe einem anderen übertragen wollen.

Auf Goa-Partys wird fast rund um die Uhr getanzt und viele Leute nehmen Drogen. Wie viele Erfahrungen hat Ihre Tochter bereits mit Open-Air-Partys? Wie gut kennen Sie ihre Freunde? Kann sie Nein zu Drogen sagen? Machen Sie Ihrer Tochter klar, dass sie Ihre Bedenken weitgehend ausräumen muss, um eine Erlaubnis zu erhalten. Setzen Sie sich ruhig auch mit den Eltern ihrer Freunde in Verbindung, um möglicherweise gemeinsam den Rahmen für dieses Vorhaben zu besprechen.

P

„Die Lehrer meines Sohnes beschweren sich über seine Störungen und **Provokationen** während des Unterrichts. Er halte die anderen Kinder vom Lernen ab. Was soll ich machen?"

Zunächst sollten Sie mit Ihrem Sohn ganz in Ruhe über seine Sicht der Dinge sprechen. Oft hilft es dann, gemeinsam mit der Klassenlehrkraft eine schriftliche Vereinbarung zu treffen, die alle Beteiligten, also auch Ihr Sohn, unterschreiben und die dann regelmäßig überprüft wird. Eine solche Vereinbarung sollte positiv formuliert sein. Es sollte darin also nicht stehen, was er nicht tun darf (nämlich provozieren und stören), sondern was er stattdessen tun soll. Weitere Unterstützung gibt es an den meisten Schulen durch einen Beratungsdienst, Beratungslehrkräfte oder Schulpsychologen.

Q

„Egal was wir als Familie gemeinsam machen wollen – immer schießt er **quer**. Kaum richten wir uns nach seinen Wünschen, will er wieder etwas anderes."

Am besten lassen Sie Ihren Sohn eine Zeit lang in Ruhe und machen Ihre Pläne. Er braucht offenbar zurzeit eigene Räume – die gemeinsamen Unternehmungen mit der Familie sind für ihn nicht mehr so wichtig. Fragen Sie ihn doch, was er braucht. Vielleicht ist es im Moment besser, sich zu zweit mit ihm zu verabreden.

R

„Unsere Tochter möchte allein mit ihrer Freundin in den Sommerferien mit einem Zelt eine **Reise** machen. Können wir das erlauben?"

Es gibt viele Jugendorganisationen, die interessante Reisen für junge Menschen organisieren. Das könnte für die beiden Mädchen eine gute Alternative sein. Der große Vorteil dabei ist, dass sie hier auch andere junge Leute in ihrem Alter kennenlernen. Am besten fragen Sie beim Jugendamt oder bei der Jugendpflege in Ihrem Ort nach.

S

„Was mache ich bloß, wenn sie **schwanger** wird? Soll ich ihr zur Abtreibung raten?“

Offenbar machen Sie sich große Sorgen um die Verhütungspraxis Ihrer Tochter. Suchen Sie das Gespräch mit ihr und lassen Sie sich erläutern, wie sie es mit der Verhütung hält. Möglicherweise hilft auch der gemeinsame Besuch beim Frauenarzt. Weitere Unterstützung finden Sie bei den Beratungsstellen von pro familia (www.profamilia.de) und durch Informationen der Bundeszentrale für gesundheitliche Aufklärung BZgA (www.bzga.de).

T

„Wie viel **Taschengeld** soll ich ihm geben? Er gibt es ja doch bloß für Zigaretten aus und raucht sie dann in seinem Zimmer.“

Zur ersten Frage gibt es gute Orientierungshilfen unter www.familienhandbuch.de oder auch www.taschengeld.net.

Es empfiehlt sich dabei immer, regelmäßig über die Höhe des Taschengeldes zu verhandeln, denn dann wird Ihr Sohn dazu gezwungen, darüber nachzudenken, wie viel Geld er wofür ausgibt. Die andere Frage ist die des Rauchens: Leider hat er bereits damit angefangen und Sie tolerieren auch, dass er in seinem Zimmer raucht. Sprechen Sie mit ihm in Ruhe und ohne Vorwürfe darüber, warum er eigentlich mit dem Rauchen angefangen hat und wie Sie ihn dabei unterstützen können, dass er wieder aufhört.

U

„Meine Tochter ist so **unglücklich**. Warum spricht sie nicht mit mir über das, was sie so bedrückt?"

Vielleicht traut sie sich nicht, weil ihr das Thema unangenehm ist. Sagen Sie Ihrer Tochter, welchen Eindruck Sie von ihr haben, und teilen Sie ihr mit, dass Sie gern mit ihr ins Gespräch kämen, um ihr da rauszuhelfen. Und wenn sie das im Moment noch nicht möchte, seien Sie geduldig. Vielleicht können Sie ihr eine kleine Unternehmung anbieten, etwa gemeinsam ins Kino oder schwimmen zu gehen. Dabei entstehen Gelegenheiten, über alles Mögliche miteinander zu reden, vielleicht auch über das, was sie bedrückt.

V

„Meine 15-jährige Tochter hat einen Freund. Wie soll ich bloß mit ihr über **Verhütung** sprechen? Und darf er bei uns übernachten, sie bei ihm?“

Laden Sie Ihre Tochter und den neuen Freund doch mal zum Kaffee oder zum Abendessen ein. So können Sie ihn zunächst einmal kennenlernen und haben dann eine Grundlage, auf der Sie mit Ihrer Tochter auch über Verhütung und andere Fragen sprechen können. Wichtig ist, dass Ihre Tochter selbst spürt und formuliert, wie viel Nähe sie wann mit ihrem Freund haben möchte.

W

„Sind diese **Wutausbrüche** noch normal? Soll ich mir das gefallen lassen?“

Zunächst einmal sind Wutausbrüche in der Pubertät durchaus normal. Stellen Sie allerdings klar, dass Sie nicht bereit sind, sich beschimpfen zu lassen. Nach jedem Gewitter klart der Himmel aber auch wieder auf! Dann sollten Sie auf einem klärenden Gespräch bestehen, den Konflikt in Ruhe besprechen und eine Vereinbarung für den zukünftigen Umgang miteinander treffen. Verabreden Sie gleich ein weiteres Gespräch in nächster Zeit, in dem Sie gemeinsam prüfen, wie tragfähig die Vereinbarung war.

X

„Er will nicht mehr Weihnachten mit uns feiern, sondern auf eine **Xmas-Party** gehen. Was kann ich tun?“

Wahrscheinlich hat Ihr Sohn sich mit seinen Freunden verabredet. Die Familie steht für ihn im Moment nicht mehr an erster Stelle. Sagen Sie ihm, dass Sie das grundsätzlich akzeptieren, und suchen Sie mit ihm nach einem Kompromiss, in dem auch die gemeinsame Zeit mit der Familie nicht zu kurz kommt. Bestimmt ist es möglich, beide Interessen miteinander zu vereinbaren.

Y

„Unser Sohn war in der Klasse immer der **Youngster** und dann ist er noch ein Spätentwickler – die anderen Jungen hänseln ihn ständig, weil er andere Interessen hat als sie. Wie können wir ihm helfen?“

Ihr Sohn steckt im Moment offenbar in einer schwierigen Phase. Sprechen Sie zunächst mit ihm darüber, wie belastend er die Situation empfindet. Wenn das Problem in erster Linie in der Schule auftritt, kann es sinnvoll sein, gemeinsam mit Ihrem Sohn und der Klassenlehrkraft eine Lösung zu suchen. Es kann ihm auch helfen, wenn er beispielsweise in einem Sportverein eine Gruppe findet, in der er akzeptiert wird.

Z

„Wie erreiche ich, dass er **zuverlässiger** wird und beispielsweise regelmäßig im Haushalt hilft?"

Offenbar übernimmt Ihr Sohn noch nicht besonders viel Verantwortung für sein Handeln in der Familiengemeinschaft. Führen Sie doch eine Familienkonferenz ein, in der Sie regelmäßig an einem festen Termin in der Woche mit allen Familienmitgliedern festlegen, wer in der kommenden Woche welche Aufgabe übernimmt. Es könnte dann auch eine Belohnung in Aussicht gestellt werden, wenn eine Zeit lang alles gut funktioniert, etwa in Form eines gemeinsamen Wochenendausflugs.

Schlusswort

„Der größte Fehler, den die Jugend von heute hat,
ist der, dass man nicht mehr zu ihr gehört."

Salvador Dalí

ANHANG

Die Autoren

Angela Kling ist Lehrerin, Mutter, Suchtberaterin und Supervisorin und hat mit Jugendlichen Filme gedreht, Theaterstücke aufgeführt und regionale Festivals organisiert. Als Beratungslehrerin hat sie viele Heranwachsende und ihre Erziehungspersonen unterstützt. Seit 2006 leitet sie im Hamburger Landesinstitut für Lehrerbildung und Schulentwicklung die Agentur für Schulberatung. Zum Thema Pubertät veranstaltet sie Workshops, hält Vorträge und berät Eltern, Pädagogen und Jugendliche. Mehr über die Autorin erfahren Sie unter www.angela-kling.de.

Eckhard Spethmann ist Lehrer und Vater von zwei Söhnen. Er war nach dem Staatsexamen als Erzieher in einem heilpädagogischen Kinderheim angestellt und freiberuflich als „Schulmeister“ für Unterricht aller Art tätig. Als Klassenlehrer, Beratungslehrer und als didaktischer Coach hat er vielfältige Erfahrungen in der Unterstützung junger Menschen und ihrer Eltern gesammelt. Heute arbeitet er als Schulentwicklungsberater in der Agentur für Schulberatung.

Weitere Hilfen

Folgende Anlaufstellen und Personen bieten kompetente Hilfe und Unterstützung, wenn Sie alleine nicht weiterwissen:

- Jugendämter
- Erziehungsberatungsstellen
- Beratungslehrkräfte an Schulen
- Schulpsychologische Beratungsdienste
- Psychologische und psychotherapeutische Beratungsstellen oder -praxen

Zum Weiterlesen

Atzert, Ulla: Homo pubertensis. Tipps zum störungsfreien Umgang mit Heranwachsenden. Fischer Taschenbuch Verlag 2007

Baeck, Sylvia: Eßstörungen bei Kindern und Jugendlichen. Lambertus 1998

Benard, Cheryl und Schlaffer, Edit: Einsame Cowboys. Jungen in der Pubertät. Deutscher Taschenbuch Verlag 2002

Bergmann, Wolfgang und Hüther, Gerald: Computersüchtig. Kinder im Sog der modernen Medien. Beltz 2009

Beuster, Frank: Die Jungen-Katastrophe. Das überforderte Geschlecht. rororo 2006

Braun, Joachim und Niemann, Bernd: Coole Kerle, viel Gefühl. Rowohlt Taschenbuch Verlag 1998. (Das Buch richtet sich an Jungen zwischen 14 und 18 Jahren.)

Bründel, Heidrun: Tatort Schule. LinkLuchterhand 2009

Dolto, Françoise: Von den Schwierigkeiten, erwachsen zu werden. Klett-Cotta 1999

Ende, Michael: Momo. Thienemann 1973

Geo Wissen, Heft 41/2008: Pubertät. Auf der Suche nach dem neuen Ich. Gruner + Jahr 2008

Gordon, Thomas: Familienkonferenz. Heyne 1995

Haug-Schnabel, Gabriele und Schnabel, Nikolas: Pubertät. Eltern-Verantwortung und Eltern-Glück. Oberstebrink-Verlag 2008

Hutmacher, Rahel: Tochter. Luchterhand 1983

Juul, Jesper: Pubertät. Wenn Erziehen nicht mehr geht: Gelassen durch stürmische Zeiten. Kösel 2010

Kast, Verena: Der schöpferische Sprung. Vom therapeutischen Umgang mit Krisen. Patmos 2009

Klosinski, Gunther: Psychokulte. Was Sekten für Jugendliche so attraktiv macht. C. H. Beck 1996

Kübler-Ross, Elisabeth: Über den Tod und das Leben danach. Silberschnur 1989

Lagerlöf, Selma: Wunderbare Reise des kleinen Nils Holgersson mit den Wildgänsen. Nymphenburger 1992

Raffauf, Elisabeth: Das können doch nicht meine sein. Gelassen durch die Pubertät. Beltz 2001

Rogge, Jan-Uwe: Kinder brauchen Grenzen. Rowohlt Taschenbuch Verlag 1993

Rogge, Jan-Uwe: Pubertät. Loslassen und Haltgeben. rororo 2000

Schnack, Dieter und Neutzling, Rainer: Kleine Helden in Not. Jungen auf der Suche nach Männlichkeit. rororo 2000

Schümann, Helmut: Der Pubertist. Überlebenshandbuch für Eltern. rororo 2005

Sichtermann, Barbara: Pubertät. Not und Versprechen. Beltz 2008

SPIEGEL Wissen, Heft 2/2010: Die Pubertät. SPIEGEL-Verlag 2010

Watzlawick, Paul: Anleitung zum Unglücklichsein. 1983

Watzlawick, Paul: Die erfundene Wirklichkeit. Piper 2002

Filme

Beautiful Boxer. Regie: Ekachai Uekrongtham, Thailand 2003. 154 Minuten, empfohlen ab 14 Jahren

Billy Elliot – I will dance. Regie: Stephen Daldry, GB 2000. 106 Minuten, Farbe, empfohlen ab 10 Jahren

Kick It Like Beckham. Regie: Gurinder Chadha, GB/D 2002. 112 Minuten, empfohlen ab 12 Jahren

Malala - Ihr Recht auf Bildung. Regie: Davis Guggenheim, USA 2015

Zorros Bar Mizwa. Regie und Drehbuch: Ruth Beckermann, Österreich 2006. 90 Minuten, empfohlen ab 14 Jahren

Internetadressen

Alles über Drogen: www.drugcom.de

Bundeszentrale für gesundheitliche Aufklärung: www.bzga.de

Chatten: www.chatten-ohne-risiko.de

Der Kinderchat: www.seitenstark.de

Radio für Kinder: www.lilipuz.de

Alles über das Internet: www.internet-abc.de

Sicherheit im Netz: www.klicksafe.de

Hungrig-online: www.hungrig-online.de

Informationen für Väter: www.vaeter-zeit.de

Für schwule Jugendliche: www.schwulejugendgruppen.de

Berufsfindung für Mädchen: www.girls-day.de

Berufsfindung für Jungs: www.neue-wege-fuer-jungs.de und www.boys-day.de

Deutscher Kinderschutzbund: www.medien-dschungel.de

Bibliografische Information der Deutschen Nationalbibliothek
Die Deutsche Nationalbibliothek verzeichnet diese Publikation in der Deutschen Nationalbibliografie; detaillierte bibliografische Daten sind im Internet über http://dnb.ddb.de abrufbar.

ISBN 978-3-86910-637-3 (Print)
ISBN 978-3-86910-708-0 (PDF)
ISBN 978-3-86910-709-7 (EPUB)

Die Autoren: Angela Kling ist Lehrerin, Mutter, Suchtberaterin, Supervisorin und Leiterin der Agentur für Schulberatung. Zum Thema Pubertät veranstaltet sie Workshops, hält Vorträge und berät Eltern, Pädagogen und Jugendliche. Eckhard Spethmann war Klassenlehrer, Beratungslehrer und didaktischer Coach. Er ist Vater zweier Söhne und arbeitet als Schulentwicklungsberater in der Agentur für Schulberatung.

2. Auflage

Eine Marke der Schlüterschen Verlagsgesellschaft mbh & Co. KG,
Hans-Böckler-Allee 7, 30173 Hannover
www.schluetersche.de
www.humboldt.de

Lektorat: Angelika Lenz, Steinheim a. d. Murr
Covergestaltung: Kerker + Baum Büro für Gestaltung, Hannover
Coverfoto: Getty Images/Cecile Lavabre
Layout: Sehfeld, Hamburg
Satz: PER Medien & Marketing GmbH, Braunschweig
Druck und Bindung: Westermann Druck GmbH, Zwickau